dtv

Behütet und umsorgt wächst der kleine Shlomo Graber im Kreise seiner drei jüngeren Geschwister in
einem ungarischen Städtchen auf. Sein weiser Großvater und seine liebende, fürsorgliche Mutter prägen
die glücklichen Kinderjahre des Jungen. Er ist 14 Jahre
alt, als sein Leben eine tragische und völlig unerwar-
tete Wendung nimmt: Er und seine Eltern werden
von den Nazis deportiert. Mit seinem unbändigen Lebenswillen, einem unerschütterlichen Glauben an sich
selbst, aber auch mit Nächstenliebe und manchmal
gar mit Humor überlebt der Jugendliche in den folgenden Jahren drei Konzentrationslager.

Shlomo Graber wurde 1926 in den Karpaten der
Tschechoslowakei geboren. Nach der Befreiung aus
dem Konzentrationslager Görlitz am 8. Mai 1945 ging
er 1948 nach Israel. Seit 1989 wohnt er mit seiner
zweiten Frau Myrtha in Basel, wo er als Kunstmaler
und Referent tätig ist.

Shlomo Graber

Der Junge,
der nicht hassen wollte

Eine wahre Geschichte

dtv

**Ausführliche Informationen über
unsere Autoren und Bücher
www.dtv.de**

5. Auflage 2018
2018 dtv Verlagsgesellschaft mbH & Co. KG, München
© 2017 Riverfield Verlag, Basel
Illustrationen: Jan Reiser, München
Umschlaggestaltung: Wildes Blut, Atelier für Gestaltung,
Stephanie Weischer unter Verwendung eines Fotos von
Trevillion Images/Mark Owen
Gesamtherstellung: Druckerei C.H.Beck, Nördlingen
Gedruckt auf säurefreiem, chlorfrei gebleichtem Papier
Printed in Germany · ISBN 978-3-423-14658-6

Der Jugend dieser Welt –
ihr seid die Zukunft!

Inhalt

Der Riss

Die Wand war makellos weiß. So hell wie die Sonne, wenn man direkt in sie hineinschaut. Es blendete mich so sehr, dass ich meine Augen im ersten Moment zu winzigen Schlitzen zusammenzog.

Nach einer Weile hatten sie sich an den gleißend hellen Schein gewöhnt, und als ich einen Schritt näher trat, den kleinen Ast in meiner rechten Hand sanft im Takt einer Melodie, die nur ich hören konnte, gegen mein Bein schlagend, sah ich ihn – den Riss!

Ja, es war ein winzig kleiner Riss in der sonst so makellos und perfekt weißen Wand, der mir zunächst überhaupt nicht aufgefallen war.

Mein Oberkörper beugte sich noch etwas weiter vor, sodass meine Stupsnase fast den Putz der Wand berührte, und jetzt schien mir dieser Riss in der Wand gar nicht mehr so klein zu sein. Und je länger ich diesen Riss betrachtete, je näher ich meine Augen an die Wand heftete, desto mehr erinnerte mich der Riss an einen mikroskopisch kleinen Fluss, der sich durch die Berge und Täler des Wandputzes schlängelte, um vielleicht der Wand – wie ein Fluss in der Wüste – neues Leben einzuhauchen.

Ich hob den dünnen Ast – vielleicht war es auch bloß ein Holzsplitter, so genau kann ich mich nicht daran erinnern – und begann, dem Fluss (oder besser: dem Riss) seinen Weg zu bahnen. Denn wenn der Riss in der Wand ein Fluss wäre, der Leben in die Wand bringen sollte, so wie Wasser Leben in eine Wüste bringt, wollte ich mithelfen, dies zu tun. Und siehe da: Als sei ich Gott selbst, der mit einem mächtigen Stab Leben auf die Erde und in die Menschen zaubert, vergrößerte sich, mittels meiner Hilfe und des Schabens und Scharrens meines Holzstückes, der Riss in der Tat sehr schnell. Bald schwebten Teile des Putzes unter meinem traktierenden Stock, der sich immer weiter an dem Riss zu schaffen machte, wie Schneeflocken an einem kalten Wintertag zu Boden.

Plötzlich verspürte ich einen Klaps auf meinem Po.

Ich erschrak so sehr, dass mir der kleine Stock aus den Händen glitt, und bevor ich mich umdrehen konnte, hörte ich die sonore Stimme meines Großvaters Itzhak, die sagte:

»So was macht man nicht.«

Ich drehte mich um, die eine Hand wie zum Schutz gegen einen weiteren Klaps auf meinen Po an denselben haltend und die andere schuldbewusst über den Riss an der weißen Wand, während Großvater seinen Finger hob und weitersprach:

»Risse sind wie beginnender Hass, Shlomo: Man vergrößert sie nicht – man repariert sie.«

Wir schrieben das Jahr 1929. Ich war drei Jahre alt und dies ist meine erste und vielleicht auch wichtigste Erinnerung, an die ich mich bewusst und bis heute zu entsinnen vermag.

König Salomo

Mein Name ist Shlomo Graber. Geboren bin ich am 13. Juli 1926 in einem Städtchen, das Majdan (heute: Maidan) heißt. Es liegt ca. 75 km östlich von Uschhorod in der heutigen Ukraine, im damaligen Bezirk Mármaros.

Meine Erinnerung an jenen Ort ist relativ vage, denn meine Familie verließ diesen bereits, als ich fünf Jahre alt war. Soviel mir gesagt wurde, wohnten im Jahr 1830 in Majdan eine Handvoll Juden, welche die erste jüdische Gemeinde am Ort gründeten und in den darauf folgenden Jahren auch die erste Synagoge bauten. Zuvor hatten sie, so wurde mir erzählt, in einer einfachen Holzhütte gebetet. Die Ortssprache war Ukrainisch, aber die Juden sprachen untereinander hauptsächlich Tschechisch und Jiddisch, was jedoch kaum ein Problem darstellte, da viele der nicht-jüdischen Einwohner auch Jiddisch verstehen konnten.

Die ganze Gegend hatte immer schon eine sehr bewegte Geschichte. So gehörte sie bis nach dem Ersten Weltkrieg zu Österreich-Ungarn, danach wurde sie, durch den Frieden von Trianon, der Tschechoslowakei zugeschlagen, bis sie 1939 von den Ungarn erobert wurde. Nach dem Zweiten Weltkrieg wurde die Region der Sowjetunion angegliedert, um dann, nach deren Zerfall, der heutigen Ukraine zugeschlagen zu werden.

Meinen Namen erhielt ich im Gedenken an meinen Urgroßvater.

Dieser Name, *Shlomo* oder *Salomo*, sollte noch aus weit anderen Gründen zu mir und meinem Leben passen, aber erst sehr viel später wurde mir die historische Bedeutung meines Vornamens bewusst. Erstens lehrt uns die Onomastik, die Namensforschung also, dass Shlomo oder eben Salomo nichts anderes als *friedliebend* oder *friedfertig* bedeutet (was sehr gut zu meiner Person passt, wie ich schon an dieser Stelle verraten darf), und zweitens trug einer der herausragendsten Könige des Altertums diesen Namen: König Salomo, der laut dem *Buch der Könige* im 10. Jahrhundert vor Christus herrschte und als erster Herrscher des vereinigten Königreichs Israel gilt.

Nicht dass ich mich – trotz meiner jüdisch-orthodoxen Erziehung – als tief religiös bezeichnen würde, das Gegenteil trifft eher zu. Dennoch habe ich in meinem späteren Leben die historischen Hintergründe meines berühmten »Namensvetters« mit großer Faszination studiert und bin, wie viele vor mir, zu dem Schluss gekommen, dass König Salomo in der Tat einer der weisesten und gerechtesten Herrscher gewesen sein muss. Die Überlieferung besagt, er sei nicht primär darauf bedacht gewesen, sein Königreich zu vergrößern, sondern dass ihm ein friedliches Zusammensein mit anderen Völkern und Religionen sehr viel wichtiger gewesen sei. Diese Toleranz gegenüber anderen Kulturen soll ihm sehr großes Ansehen verliehen haben, und spätere Generationen sprachen gar teilweise von einer Epoche der »salomonischen Aufklärung«. Der weise Charakter des Herrschers wird durch eine Legende charakterisiert, die sich zu Beginn seiner Herrschaft ereignet haben soll: Gott, der Salomo einen Wunsch erfüllen wollte, sei über Salomos Wunsch erstaunt gewesen, lediglich Weisheit erhalten zu wollen, auf dass er sein Volk gerecht regieren könne. Von Salomos Bescheidenheit angetan, gewährte Gott ihm nicht nur Weisheit, sondern auch ein langes Leben, Macht und Reichtum.

Bis zum heutigen Tag kennen wir das geflügelte Wort vom »salomonischen Urteil«, das besagt, wenn in einem Streitfall eine Lösung gefunden worden ist, die alle Beteiligten zufriedenstellt und die ausgewogen, klug und weise ist – eben dann sei ein »salomonisches« Urteil gefällt worden.

Wie es dazu kam, erzählt die folgende Geschichte oder vielleicht auch Legende, die sich während König Salomos Regentschaft ereignet haben soll:

Eines Tages kamen zwei Dirnen in den Palast und traten vor König Salomo. Sie hatten, nacheinander im gleichen Haus, je einen Sohn geboren, wovon einer während des Schlafs unbeabsichtigt erdrückt wurde und starb.

Beide Mütter wandten nun alle Tricks an, um König Salomo zu überzeugen, dass sie selbst die Mutter des überlebenden Kindes seien. Sie beschuldigten sich gegenseitig, zankten und keiften einander an. Der König hörte den beiden Dirnen geduldig zu, ohne selbst etwas zu sagen. Doch nach einer Weile gebot er den beiden

15

Einhalt und beschloss, den Streit auf seine Weise zu beenden, indem er ein Schwert bestellte und folgendes Urteil fällte: »*Teilt das lebendige Kind in zwei Teile und gebt jeder der beiden Mütter die Hälfte.*«

Der Sinn dieses Halbierungsbefehls, der glücklicherweise nicht zur Ausführung kam, war die Beobachtung der Reaktionen der beiden Mütter, denn damit würden sie ihre wirklichen Beziehungen zum Kind entlarven, wie der König vermutete.

Die wirkliche Mutter, deren Herz für ihren Sohn in Liebe entbrannte, sagte: »*Ach, mein Herr, gebt ihr das Kind lebendig und tötet es nicht.*« *Für die echte Mutter des Kindes stand nur das Überleben des Kleinkindes im Vordergrund.*

Die falsche Mutter ihrerseits hatte da weniger Skrupel: Das Kind »*sei weder mein noch dein; lasst es teilen*«.

Der König wusste nun genau, welches die leibliche Mutter war, und sprach es dieser zu.

Ganz Israel hörte von dem Urteil, das der König gefällt hatte, und alle schauten mit Ehrfurcht zu ihm auf, denn sie erkannten, dass die Weisheit Gottes in ihm war, wenn er Recht sprach.

*

Meine ersten drei Lebensjahre sind, wie die fast jedes Menschen, erinnerungslos. Dennoch prägt diese Zeit, gemäß psychologischen Erkenntnissen, einen Menschen sehr stark.

Da ich der Erstgeborene war, wurde ich von meiner Mutter mit Liebe nur so überschüttet, was wohl auch einen Teil meiner späteren Persönlichkeit prägte.

Während ich also in meinen Babyjahren gehegt und gepflegt, genährt und geliebt wurde, zeichnete sich der Aufstieg eines Mannes ab, der die Geschichte der Welt bis zum heutigen Tag verändern sollte.

Jener Mann war in meinem Geburtsjahr gerade mal 37 Jahre alt. Er war Vorsitzender der von ihm mitgegründeten *Nationalsozialistischen Deutschen Arbeiterpartei* (NSDAP) und er beanspruchte die alleinige, kompromisslose Führung innerhalb der Partei, die er letztlich auch erhielt. Des Weiteren machte er im Jahr meiner Geburt, also 1926, den ausgestreckten Arm als Gruß zum zentralen Zeichen seiner Partei. Und im gleichen Jahr, am 11. Dezember, als ich erst sechs Monate alt war, gab dieser Mann den zweiten Teil seines berüchtigten Buches heraus.

Im Jahr darauf begann das Unheil seinen Lauf zu nehmen, denn das Redeverbot, das er in ganz Deutschland bis zu jenem Zeitpunkt hatte, wurde Schritt für Schritt aufgehoben. Und dieser Mann nutzte jene Fehlentscheidung und begann, seine Saat des Bösen unter den Menschen auszubreiten. Er hielt unzählige öffentliche Reden im ganzen Land. Seine Parolen waren eindeutig und unmissverständlich.

So sagte er in einer Rede im Monat März 1927 in Ansbach: »*Macht brauchen wir, um unser Sklavenda-*

sein abzuschütteln. Macht, um mehr Grund und Bo-
den zu erobern. Macht, um Brot und Arbeit zu sichern
und um nicht verhungern zu müssen. Wer aber Macht
erringen will, der muss kämpfen. Wir stehen auf der
Erkenntnis der Rasse. Die Menschen sind nicht alle
gleich.«

Im Jahre 1928 sprach er im Dezember in Schwein-
furt über das Thema *»Andersrassige, Juden und Ne-*
ger«.

Im Januar 1929 ernannte er Heinrich Himmler
zum *Reichsführer-SS,* und jener Himmler machte sich
umgehend an die Arbeit und baute die neue Organisation zu einer Elitegruppe aus. 1930 ernannte der
Mann Joseph Goebbels zum *Reichspropagandaleiter*
der NSDAP.

Im Oktober desselben Jahres begegnete dieser
Mann erstmals der damals erst 17-jährigen Eva Braun
in München – sie sollte seine große Liebe werden.

Falls er je fähig gewesen ist, wirklich zu lieben.

Großvater

Ich wuchs bis zum fünften Lebensjahr bei meinem Großvater Itzhak Silber auf. Bis dahin hatte ich meinen leiblichen Vater nie zu Gesicht bekommen, ja, vielmehr noch – ich wusste von dessen Existenz überhaupt nichts. Demzufolge war mir mein Großvater gleichsam auch mein Vater.

Großvater Silber war mehr unter seinem Kosenamen »Reb Itze« bekannt, was im Jiddischen eine Ehrerbietung ist, jedoch nichts anderes als »Herr Itze« heißt.

Er wurde 1859 in Berzan (Galizien / Habsburgermonarchie) geboren. Schon mit acht Jahren verwaist, wuchs er beim Rabbi seines Geburtsorts auf. Im Lauf der Zeit gelang es ihm, das Wohlwollen der Anhänger des Rabbis zu gewinnen; er widmete sich intensiv dem Talmudstudium, was damals sehr angesehen war. Außerdem studierte er die Feinheiten der heiligen Sprache. Obwohl seine Muttersprache Jiddisch war, korrespondierte er hauptsächlich auf Hebräisch. Als Jüngling schlief er nachts auf einer Sitzbank und stand in aller Frühe auf, um am Unterricht des Rabbis teilzunehmen.

Schon in seiner Jugend achtete und ehrte man Großvater wegen seiner Gelehrtheit. In weltlichen Fächern war er Autodidakt, wobei er je länger desto

mehr einen Hang zu den Künsten und den Fremd-
sprachen entwickelte.

Mein Großvater war zudem ein äußerst stattlicher
Mann. Ich erinnere mich an ihn als Siebzigjährigen.
Mit seiner eindrucksvollen Erscheinung faszinierte
er seine Umgebung, einschließlich der nicht-jüdischen Einwohner. Sein gepflegter weißer Bart verlieh
seinem Gesicht besondere Würde. Die blauen Augen zeugten von Wohlwollen und Güte. Er war hoch
angesehen und beliebt in den jüdischen Gemeinden
der umliegenden Städtchen. Großvater kleidete sich
nach Art der »Chassiden«, einer ausgesprochen from-
men Auslegung des Judentums also. So trug er einen
breitkrempigen, schwarzen Samthut, unter dem der
Rand seines schwarzen Käppchens hervorlugte, einen schwarzen Kaftan mit dem Schaufäden-Leibchen
darunter und Hosen, deren Enden er in die weißen
Strümpfe steckte. Er achtete stets penibel auf saubere
und ordentliche Kleidung.

Als ich viele Jahrzehnte später »Herr der Ringe«
von J. R. R. Tolkien las, schien es mir, als habe Tolkien meinen Großvater vor Augen gehabt, als er die
Gestalt des Zauberers Gandalf erfand – denn genau
so habe ich Großvater in Erinnerung.

*

Als der Rabbi von Majdan in den Zwanzigerjahren
verstarb, holte die Gemeinde keinen Ersatzmann von
außerhalb, da man einfach keinen brauchte, denn

mein Großvater war für diese Aufgabe bestens geeignet und fungierte zudem auch als Schächter, Fleischbeschauer und Beschneider für Majdan und Umgebung.

Immer wenn er zum Koscherschlachten in ein Dorf der Umgebung gerufen wurde, legte er den Weg zu Pferd zurück. Das Messeretui steckte er immer in den Stiefelschaft, was ihn in meiner Erinnerung erst recht als einen noblen Ritter hoch zu Pferde erscheinen ließ. An kalten Wintertagen trug er zudem einen Pelzmantel und einen ebensolchen Hut.

Großvater stand im Ruf, ein vielseitiger und begabter Mann zu sein. So mischte er zum Beispiel Arzneien auf pflanzlicher Basis und fertigte ein Pulver zum Stillen von Blutungen an, das er bei Beschneidungen benutzte. Im Ersten Weltkrieg kam dieses Pulver dann auch bei der Behandlung verwundeter Soldaten zum Einsatz. Man hat mir erzählt, dass, wenn er durch die Straßen der Stadt ging, Juden wie Nichtjuden ihn respektvoll grüßten.

Unter osteuropäischen Juden war es Sitte, zu einem kranken Kind nicht gleich einen Arzt zu rufen, sondern zunächst einen hochgeehrten Mann – einen Thoragelehrten, Rabbinatsrichter oder Schächter der Gemeinde – beizuziehen, damit er durch Beschwörungen den *bösen Blick* abwende. Meist wurde mein Großvater auch zu diesem Zweck geholt. Er setzte sich dann ans Krankenbett und gab glühende Kohlen in ein Wasserglas. Schwammen die Kohlen oben, bedeutete es, dass das Kind nicht unter dem bösen Blick

litt. Sanken sie jedoch auf den Boden, war es mit dem bösen Blick behaftet.

Die Menschen versuchten mit allen Mitteln, ihre Kinder vor dem bösen Blick zu schützen. Bei jedem Ausdruck der Bewunderung und jedem Kompliment fügten sie hastig die Formel »ohne bösen Blick« hinzu.

Großvater hatte eine Tasche ähnlich den Instrumententaschen, die Ärzte zu Hausbesuchen mitnehmen. Sie enthielt eine Reihe Schröpfgläser und andere Utensilien. Die Schröpfgläser setzte er Patienten auf den Rücken, die an Erkältung oder Rückenschmerzen litten. Merkwürdigerweise glaubten die Juden offensichtlich jedoch nicht an die heilende Wirkung dieser Methode, denn es gab ein Sprichwort unter den Juden, das besagte: »Es wird helfen wie Schröpfgläser bei einem Toten.«

Noch merkwürdiger allerdings schien mir die Tatsache, dass Großvater bei den Nichtjuden in dieser Hinsicht als Wunderheiler galt, der ihren Kranken als Einziger helfen konnte.

Zudem, so hatte man es mir zumindest anhand nachfolgender Episode erzählt, war Großvater ein großzügiger und gleichsam bescheidener Mann: Eines Tages erschien im Hause meines Großvaters ein Bauer in Begleitung seiner Tochter. Das junge Mädchen schluchzte und stöhnte vor Schmerzen, konnte kaum auf den Beinen stehen. Der Bauer bat meinen Großvater um Hilfe. Der Großvater verwies ihn an den Arzt des Städtchens. Doch der Bauer meinte stur, nur mein Großvater solle sie behandeln. Als Großvater merkte, dass er die beiden nicht ohne Weiteres loswerden konnte, bat er das Mädchen, sich auf eine Holzbank zu legen, und diagnostizierte sofort einen verrenkten Fuß. Um sie abzulenken, nahm er erst den gesunden Fuß, drehte ihn hin und her, fragte ständig: »Tut es weh? Tut es weh?«, packte dann im Nu den schmerzenden Fuß, drehte ihn und hörte es knacken. Das Mädchen hörte auf zu weinen. Mein Großvater riet ihr, eine Woche zu ruhen, und versprach ihr, dass alles wieder gut werden würde. Der Bauer wollte sich für die Behandlung erkenntlich zeigen, aber mein Großvater weigerte sich, jedwede Gegenleistung anzunehmen. Am nächsten Tag kam die Frau des Bauern mit einem Korb voller Lebensmittel und stellte ihn meinem Großvater vor die Haustür, wohl wissend, dass er die Gabe nicht annehmen würde, wenn sie anklopfte und diese hineinbrächte.

Großvater war auch ein begnadeter Künstler mit ausgeprägter Zeichenbegabung. Zu seinen zahlreichen Werken zählte eine Landkarte auf Pergament, welche die Eroberung des Landes Israel durch Josua darstellte. Er hatte sie 1883 im Alter von 24 Jahren gezeichnet. Auf der einen Seite der Karte waren die 108 Ortsbezeichnungen, von der Wüste Zin bis Jafo, aufgeführt. Die andere Seite verzeichnete das Gebiet eines jeden biblischen Stammes mit einer anderen Farbe. Die Farben hatte er selbst aus natürlichen Stoffen hergestellt.

Als er noch die Religionsschule für Jugendliche und Erwachsene besuchte und früh aufstehen musste, baute er sich selber einen Wecker. Er schnitzte die Bestandteile des »Uhrwerks« aus Holz, fügte den Weckmechanismus ein und befestigte zwei Bänder daran. Das eine verband er mit dem Uhrengewicht, das andere knotete er sich ums Handgelenk. Zur geplanten Weckzeit fiel das Gewicht und das andere Band zerrte ihn am Arm, sodass er aufwachte. Ich nehme an, dass es eine recht primitive Uhr gewesen sein muss, aber scheinbar erfüllte diese ihren Zweck als Wecker vollauf.

Der Schulleiter wusste die Begabungen seines Schülers zu schätzen. Eines Tages sagte er, er wolle Großvater etwas zeigen. Er führte ihn in sein Zimmer, zeigte ihm ein Weizenkorn, auf dem winzige Buchstaben standen, und erzählte ihm, ein jüdischer Reisender von weither sei zu ihm gekommen und habe ihm statt eines Zettels dieses Körnchen überreicht. Es ist Brauch, dass ein Jude, der einen Rabbi aufsucht, diesem einen Zettel mit seinen Bitten übergibt und eine bescheidene Spende beilegt.

Der Rabbi also fragte meinen Großvater: »Itzele, kannst du auch so ein wunderbares Werk anfertigen?«

Dieser schwieg. Aber eine Woche später überreichte er ihm ein Weizenkorn mit noch viel kleineren Buchstaben als auf dem Korn, das der Gast mitgebracht hatte.

*

Großvater war zweimal verheiratet gewesen. Folgendes hatte sich zugetragen: Im Ersten Weltkrieg diente Großvaters Sohn im österreichisch-ungarischen Heer Seiner Majestät Kaiser Franz Josephs. Er kämpfte an der Front und wurde sogar mit einem Frontkämpfer-Orden ausgezeichnet.

Als man einmal lange Zeit nichts von ihm hörte, befürchtete Großvater, er sei in Gefangenschaft geraten. Schließlich traf jedoch ein Telegramm von seinem Sohn ein, in dem er mitteilte, dass er einen kurzen Urlaub erhalten habe, aber nicht nach Majdan kommen dürfe, weil die Front dort näher rücke. Allerdings hatte man ihm gestattet, die ungarische Stadt Sátoraljaújhely aufzusuchen, in der sein Bruder Alter wohnte.

Mein Großvater beschloss, nach Sátoraljaújhely zu fahren, um seinen Sohn zu besuchen. Großmutter äußerte den Wunsch, ihn zu begleiten, denn sie hätte schließlich auch ein Recht, ihren Sohn zu sehen. Doch mein Großvater lehnte dies zunächst ab, denn in jenem Jahr war der Winter besonders streng. Die Schneemassen türmten sich höher denn je. Außerdem war ihr jüngstes Kind, ihre Tochter Rivka, noch im Säuglingsalter, sodass man sie ebenfalls hätte mitnehmen müssen. Und zudem läge die nächste Bahnstation rund 40 Kilometer von Majdan entfernt, argumentierte Großvater eindringlich.

Aber alle Argumente seitens Großvaters halfen nichts: Großmutter war eine resolute Frau und ließ sich nichts vorschreiben. Und so kam es, dass sie und ihre kleine Tochter Rivka mit auf die Reise gingen. Das einzig mögliche Verkehrsmittel war damals der Pferdeschlitten und so mietete Großvater einen Zweispänner. Auf dessen Boden legte man heiße Backsteine, in Stoff eingewickelt, um die Füße zu wärmen.

Gegen Abend erreichten sie die Bahnstation des Städtchens Volová. Dort stellte sich heraus, dass im Zug keine Plätze mehr frei waren. Mithilfe einiger Bekannter, die sie auf dem Bahnhof trafen, ergatterten sie dennoch Plätze – in der ersten Klasse sogar.

Die Juden unter den Insassen des Waggons versammelten sich zum Abendgebet. Meine Großmutter nutzte die Gelegenheit, um die kleine Rivka zu stillen. Vor dem Gebet ging Großvater auf die Toilette, aber gerade in dem Augenblick, als er die Toilettentür öffnete, hörte er ein schrilles Pfeifen. Im nächsten Moment stieß die Bahn frontal mit dem Gegenzug zusammen. Großvater wurde hinausgeschleudert und erlitt eine Beinverletzung. Die Schreie der Verletzten müssen markerschütternd gewesen sein.

Großvater kroch zwischen den Hinausgeschleuderten umher, entdeckte Großmutters Kleid, und als er dann ihren leblosen Körper sah, begriff er, dass ihm das Schicksal seine junge Frau entrissen hatte.

Plötzlich vernahm er das wimmernde Weinen eines Babys. Er kroch durch die Trümmer und die Rauchschwaden in die Richtung, aus der er das Weinen vermutete. Und siehe da – einem Wunder gleich fand er seine kleine Tochter Rivka. Und sie war unversehrt, denn Großmutter hatte das Baby in ein Steckkissen

verpackt, sodass es auf der Reise nicht frieren musste – und das rettete der Kleinen das Leben.

So also wurde Großvater zum alleinerziehenden
Witwer.

Doch das blieb nicht lange so, denn unter gesetzes-
treuen Juden war es nicht gern gesehen, wenn ein
hoch angesehener Mann, wie Großvater es damals
war, lange Zeit allein und ohne Frau lebte. Nach drei
Jahren des Witwerdaseins vermittelte man ihm die
Ehe mit Chaja-Etja Prisant, geborene Eisner, einer
Kriegerwitwe und Mutter von sechs Kindern. Kurz
vor der Hochzeit versammelte Großvater seine Familie und erklärte, er werde nun wieder heiraten, und
bat seine Kinder, der neuen Frau freundlich zu begeg-
nen und sie »Mime«, was so viel wie Tante bedeutet,
zu nennen.

Mutter und Vater

Im Jahr 1931 wurde die Wirtschaftskrise in Deutschland immer schlimmer. Die Arbeitslosigkeit betraf im Januar schon knapp 4,5 Millionen Menschen. Die Mitgliederzahl der NSDAP lag bereits bei über 390 000. Bei den Landtagswahlen in Oldenburg im Mai wurde die NSDAP erstmalig die stärkste Fraktion in einem Landtag. Ende des Jahres lag die Arbeitslosenzahl schon über 5 Millionen Menschen.

*

Ich war fünf Jahre alt und hatte von all dem, was in Deutschland geschah, nicht die leiseste Ahnung. Was ich jedoch wusste, war, dass Malka, Mutters hübsche jüngere Schwester, kurz vor der Hochzeit mit ihrem Auserkorenen stand. Dieser stammte aus dem Städtchen Volová bei Majdan.

Die Hochzeit fand in der kalten, verschneiten Jahreszeit am Wohnort des Bräutigams statt. Ich erinnere mich noch an jene Hochzeit, vor allem an die Kälte, die damals herrschte.

Man suchte einen Festsaal, der eine Trennung der beiden Geschlechter zuließ, aber doch alle Hochzeitsgäste aufnehmen konnte, und löste das Problem dadurch, dass man für die Frauen ein Zelt neben dem Gemeindehaus aufstellte.

Aus Majdan reiste fast die ganze Gemeinde zur Hochzeit an. Es war ganz natürlich, dass alle mitfeiern wollten, wenn Herrn Itzes Tochter heiratete. Auch aus Volová waren viele Leute gekommen.

Die Feiern dauerten sieben Tage, entsprechend den sieben Segenssprüchen. Meine Mutter half viel bei der Bewirtung, und ich hielt ihr einen Platz im Zelt frei.

Wegen des Mangels an Stühlen war jeder einzelne sehr begehrt. Ich klammerte mich an Mutters Stuhl wie ein Ertrinkender an einen Rettungsring und ließ ihn selbst dann nicht los, als man ihn mir mit Gewalt entringen wollte, sondern kämpfte wie ein Löwe darum.

Aber aus einem ganz anderen Grund wurde diese Hochzeit für mich ein Wendepunkt im Leben. Bis zu jenem Fest hatte ich nichts von der Existenz meines Vaters gewusst. Und nun war er mit Mutters beiden Brüdern gekommen!

Er hatte wohl Mutters Brüder davon überzeugt, ihm bei seinem Vorhaben zu helfen, sich mit meiner Mutter zu versöhnen.

Was ich jedoch erst sehr viel später erfuhr, war die Tatsache, dass es just diese zwei Brüder, also meine Onkel, gewesen waren, die meinen Vater zu dieser Hochzeit eingeladen hatten – ja, noch viel mehr: *Sie* waren es gewesen, die meinem Vater überhaupt erst mitgeteilt hatten, er habe einen Sohn! Denn wie ich auch erst später von einem der beiden Onkel erfuhr, hatten meine Eltern sich bald nach ihrer Hochzeit getrennt. Den Grund dafür nannte er mir damals allerdings nicht. Wohl weil ich noch ein Kind war und zu jung in seinen Augen, um die ganze Wahrheit zu erfahren. Erst sehr viel später und nach unsäglichem Drängen meinerseits erzählte mir Vater, was sich damals zwischen ihm und meiner Mutter zugetragen hatte: dass meine Mutter es gewesen sei, die ihn verlassen habe. Und dass er, mein Vater, keine Ahnung hatte, dass Mutter mit mir schwanger gewesen war. Und dass er auch später, als ich geboren war, nichts von meiner Existenz erfahren hatte, denn die Familie habe es ihm jahrelang verheimlicht.

Was er mir allerdings damals nicht beichtete und ich erst noch später aus ganz anderer Quelle erfuhr, war, dass er, mein Vater also, Mutter kurz nach der Hochzeit mit einer anderen Frau betrogen hatte! Und es sollte nicht das einzige Mal bleiben.

Dies war also der Grund dafür gewesen, dass Mutter sich von meinem Vater trennte und in ihr Vaterhaus zurückkehrte, und nur deshalb wurde ich in Majdan geboren und wuchs die ersten fünf Jahre meines Lebens bei meinem Großvater auf. Wenn ich auf diesen Umstand, der mir damals als eine Tragödie erschien, zurückblicke, dann will ich heute dem Schicksal danken, dass es sich so zugetragen hat. Denn hätte Mutter damals Vater nicht verlassen – ich hätte meine Kindheit wohl kaum mit Großvater verbringen dürfen und ... wer weiß; vielleicht wäre ich ein ganz anderer Mensch geworden.

Zurück zu besagter Hochzeit von Mutters jüngerer Schwester: Es gelang Vater, meine Mutter umzustimmen. Wie er das geschafft hat, weiß ich bis zum heutigen Tag nicht so genau, aber sie versöhnten sich. Und so kam es, dass wir nach dieser Hochzeit alle zusammen nach Ungarn in das Städtchen Nyírbátor, wo Vaters Familie wohnte, zogen.

*

Die nächsten zehn Jahre meines Lebens sollten fast normal verlaufen. So, wie man sich eine Kindheit eben vorstellt – beinahe zumindest.

Das Städtchen Nyírbátor liegt im Nordosten Ungarns, rund 30 Kilometer von der rumänischen Grenze entfernt. Die erste jüdische Gemeinde wurde 1816 von Schimon Mandel gegründet, der einer Adelsfamilie entstammte. Die Mandels setzten Maßstäbe für den wirtschaftlichen Fortschritt von Stadt und Umgebung, als sie dort das erste Industrieunternehmen gründeten. Das Werk sollte den Ertrag der örtlichen Bauern aufnehmen und zu Brot, Spirituosen, Tabakwaren und weiteren Produkten verarbeiten. Die jüdische Gemeinde wuchs zusehends und gewann erheblichen Einfluss auf die Wirtschaft Nyírbátors.

In der ersten Zeit nach unserer Übersiedlung nach Nyírbátor litt ich stark an Heimweh, konnte mich nur schwer eingewöhnen. Ich konnte kein Ungarisch, und selbst das dortige Jiddisch verstand ich nur mit Mühe, weil es von dem in Majdan gesprochenen abwich.

Zuerst bezogen wir eine Mietwohnung bei einem assimilierten Juden namens Fon, der eine Drucke-

rei betrieb. Die Fons wohnten am Eingang des Hofs. Daran reihten sich die Wohnungen der vier weiteren jüdischen Familien wie Eisenbahnwagen. Wir waren die Letzten in der Reihe. Die Nachbarfamilien hießen Kraus, Ellenbogen und Reich.

Unmittelbar neben uns wohnten die Reichs. Sie hatten eine hübsche, junge Tochter namens Leah. Später erfuhr ich, dass mein Vater und Leah intime Beziehungen unterhielten. Sie fuhr mit ihm nach Budapest, um den Augen und Ohren der Umgebung fern zu sein. In Nyírbátor kamen Gerüchte auf, Leah habe meinem Vater einen Sohn geboren, und in der Schule ärgerten mich die Kinder und spotteten: »Du hast einen Bastard zum Bruder!« Die Geschichte machte im gesamten Städtchen die Runde. Meine Mutter litt sehr darunter. Sie schloss sich im Haus ein und weinte dauernd. Aus dem Schlafzimmer drangen lautes Schreien und Schluchzen, wenn meine Mutter von meinem Vater Erklärung forderte.

Schließlich zogen wir in eine andere Straße, um nicht mehr neben den Reichs zu leben.

Wir zogen bei einem Bauern namens Hathäzi ein. Zunächst in eine kleine Wohnung im Hof, neben dem Schafspferch und dem Kuhstall, mit einem Abort draußen. Die Wohnung hatte zwei Zimmer, wir waren mittlerweile fünf Personen. Mein jüngerer Bruder und ich schliefen in einem Bett in der Küche, ins Elternschlafzimmer wurde das Bett fürs Baby gestellt. Die Küche war nicht gefliest. Vor dem Schabbat glätteten wir den Boden mit Lehm. Wir hatten keinen elektrischen Strom. Als Beleuchtung diente eine Petroleumlampe, die von der Decke hing. Der Küchenherd wurde mit Holz beheizt und diente zum Kochen und als Wärmofen. Das Feuerholz lagerte in einem Schuppen im Hof, der uns auch als »Laubhütte« für das Laubhüttenfest, eine Art jüdisches Erntedankfest, diente.

Meine Mutter wurde jetzt, da wir in Nyírbátor lebten und ich Großvater fast nie mehr sah, der wichtigste Mensch in meinem noch jungen Leben.

*

Mit vollem Namen hieß meine Mutter Anna Silber und wurde am 15. Dezember 1898 in Majdan in Ruthenien, auch Karpatenukraine genannt, geboren. Sie war eine große, schlanke Frau mit blauen Augen. Während des Ersten Weltkriegs lebte sie in Majdan. Mit 17 Jahren verlor sie, wie schon berichtet, ihre Mutter durch das erwähnte Zugunglück. Daher fiel die Last der Haushaltsführung auf ihre Schultern.

Als sie nach Nyírbátor übersiedelte, hatte sie wegen der unterschiedlichen Mentalität zunächst Eingewöhnungsschwierigkeiten. Ihr Jiddisch unterschied sich – wie auch bei mir – von dem, das in Ungarn gesprochen wurde. Nur wenige verstanden ihren galizischen Tonfall.

Aber sie akklimatisierte sich schnell. Mutter war eine gebildete Frau und sprach Russisch, Ukrainisch,

Jiddisch, Deutsch, Tschechisch, Bulgarisch und Ungarisch. Gelegentlich bat man sie, beim Übersetzen zu helfen. In Nyírbátor wohnten ein paar bulgarische Gärtner, die Grüngärten angelegt hatten und darin andere als die ortsüblichen Gemüsesorten zogen. Donnerstags verkauften diese ihre Produkte auf dem Markt. Da sie kein Ungarisch verstanden, freuten sie sich sehr, wenn Mutter auftauchte und ihnen beim Dolmetschen half. Als Gegenleistung füllten sie ihr ihren Gemüsekorb gratis.

Genau wie ihr Vater, mein geliebter Großvater, war Mutter künstlerisch sehr begabt. Einige ihrer Handarbeiten schmückten unser Haus. Im Schlafzimmer z. B. hing ein gerahmtes Bild: Auf schwarz gelacktes Glas hatte sie zwei Tauben auf einem Zweig gemalt und die Umrisse mit glänzenden Schokoladenpapierchen in passenden Farben ausgefüllt. In Blumentöpfen prangten Kunstblumen von ihrer Hand. Stickbilder an den Wänden trugen jeweils einen Spruch in tschechischer Sprache. Ich habe noch einige dieser Sprichwörter in Erinnerung: »Roka ruku myje« (»Eine Hand wäscht die andere«), »Komu se neleni, tomu se zelení« (»Faulheit macht dein Feld nicht grün«). Für das Laubhüttenfest bastelte sie bunte Papiersterne als Wandschmuck für die Laubhütte, und an deren Decke hängte sie Vögel aus Eierschalen mit Flügeln und Schwänzen aus farbenfrohen Buntpapierstreifen.

Obwohl Mutter eine religiöse Frau war, setzte sie der religiösen Bevormundung gewisse Grenzen und ließ sich von niemandem etwas vorschreiben. Ande-

re »Frömmige« versuchten, sich manchmal in unsere Erziehung einzumischen und mehr »Jiddischkeit« einzufordern. Aber in diesen Dingen wahrte Mutter ihre Unabhängigkeit – und auch die ihrer Kinder. Ihre Regeln bestimmten zum Beispiel: Schläfenlocken nicht länger als bis zu den Ohrläppchen. Normale Kleidung statt orthodox-jüdischer Aufmachung. Und auch in Bezug auf die Lektüre von Büchern ließ Mutter sich keine Vorschriften machen. Sie las sogar Bücher, die in orthodoxen Kreisen verboten, verpönt und geächtet waren. Meist lieh ich die Bücher für sie in der Bibliothek aus. Mutter war stets bestrebt, uns Allgemeinwissen und eine Berufsausbildung zu verschaffen, damit wir für die Einwanderung in Israel gerüstet wären. Auch dies ein weiterer Beweis ihrer Unabhängigkeit, welche zu der Zeit ziemlich ungewöhnlich gewesen sein muss. Aber Mutter schien ihren eigenen Kopf zu haben und scherte sich nicht darum, dass es Vater (wie auch sonst irgendeinem Juden in unserem Umfeld) nie in den Sinn gekommen wäre, nach Israel auszuwandern. Dies sollte sich später grundlegend ändern. Wer weiß, vielleicht hatte Mutter auch eine Vorahnung von dem, was kommen würde, und wollte deshalb so bald wie möglich ins »Heilige Land« auswandern.

Ich erinnere mich, dass ich einmal mehrere Tage der Schule fernbleiben musste, weil ich krank war. Mutter schrieb dem Lehrer eine Entschuldigung auf Jiddisch, während Frauen in Ungarn sonst fast nie Jiddisch schrieben. Der Lehrer fragte mich: »Wer hat diesen Brief geschrieben?« Ich antwortete, dass Mutter es getan habe. Darauf riss er die Entschuldigung wütend in Fetzen und schrie mich an: »Wie kann eine Frau es wagen, einem Lehrer zu schreiben!«

Als ich später nach Hause kam und den Vorfall in der Schule schilderte, zuckte meine Mutter nur verächtlich mit den Schultern und sagte mit einem spitzbübischen Lächeln auf den Lippen: »Gott hat nie gesagt, dass Frauen dümmer zu sein haben als Männer.«

*

Die meisten Straßen von Nyírbátor waren ungepflastert. Ausnahmen bildeten nur der zentral gelegene Marktplatz und ein paar Straßen, die von ihm abgingen. Das war auch das Handelszentrum der Stadt. Die meisten Geschäfte lagen am Marktplatz und fast alle befanden sich in jüdischem Besitz. Deshalb ruhte der Handel am Schabbat und an den jüdischen Feiertagen. Bauernmärkte, Handwerksbetriebe und Kleinindustrie waren überwiegend am Stadtrand angesiedelt.

Das Rathaus war das größte und stattlichste Gebäude der Innenstadt. Es hatte einen hohen Turm mit einer Uhr an jeder Seite, die man von allen Enden der Stadt sehen konnte. Der Turm hatte einen breiten, umlaufenden Balkon, von dem aus die Feuerwehr über den gesamten Stadtbereich wachte. Brach irgendwo Feuer aus, läutete der Wächter die Glocke über seinem Kopf und signalisierte mit einer roten Fahne die Richtung des Brandherds.

Auf dem Marktplatz, vor dem Rathaus, befand sich in einer kleinen Gartenanlage ein Heldendenkmal für die Gefallenen des Ersten Weltkriegs. Eine Marmortafel verzeichnete die Namen der Söhne Nyírbátors, die im Krieg gefallen waren, darunter 14 Juden. Auf der anderen Seite des Platzes stand das zweitgrößte Gebäude der Stadt, die einzige Handelsbank der ganzen Umgebung. Sie gehörte einem Juden namens Elek.

Jeden Donnerstag war normalerweise Wochenmarkt auf dem Marktplatz. Und jeden Herbst gab es einen Jahrmarkt, auf dem die Bauern ihre Erzeugnisse selbst verkaufen konnten. Dann wurden auf dem Marktplatz reihenweise Zelte mit breiten Wegen dazwischen aufgestellt, damit die Besucher die Auslagen zu beiden Seiten begutachten konnten. Die meisten Handwerker, die ihre Erzeugnisse auf dem Markt feilboten, waren Juden, vor allem in den Branchen Bekleidung, Schuhwerk, Möbel und Kurzwaren. Am Rand des Marktplatzes verkauften Bauern Hühner, Gänse und Feuerholz.

Die Handwerker arbeiteten monatelang, um ein ausreichend großes Angebot für den Jahrmarkt anzufertigen. Uns Kinder beschäftigten sie bei den Zelten, damit wir Wache hielten. Auch ich wachte, und zwar beim Zelt eines Schneiders. Ich sollte besonders ein Auge auf die »Zigeuner« haben, die auf den Markt kämen, um zu stehlen, wie man mir erklärte.

Viel Geld habe ich bei dieser Arbeit nicht verdient, aber ich bin um viele Erlebnisse und Erfahrungen reicher geworden.

Den Verkauf der Waren übernahmen geübte Verkäufer. Natürlich Juden, die das Wesen der Bauern kannten, ihren Dialekt sprachen und jeden zweiten Satz mit jiddischen Worten, saftigen Flüchen und versteckten Witzen würzten. Diese Verkäufer waren echte Schlitzohren und nutzten, nebst ihrer Überzeugungskunst, so machen »Trick«, um die Waren loszuwerden.

Zum Beispiel kauften sie alte Uhren, die meist gar nicht mehr funktionierten, öffneten diese und platzierten ein paar Stücke Blei oder ähnlich schweres Metall in die Gehäuse. Zu jener Zeit war eine Uhr erst dann wirklich wertvoll, wenn sie auch schwer genug in der Hand lag. Dann steckten die Verkäufer bei Mänteln und Jacken jeweils eine Uhr in die rechte Tasche. Wenn ein Bauer ein Kleidungsstück anprobierte, steckte er gern die Hände in die Taschen, und sobald er die Uhr in der Tasche fühlte, fragte er prompt nach dem Preis, ohne den Mantel oder die Jacke nochmals auszuziehen, denn die meisten nahmen wohl an, dass jemand eine teure Uhr in diesem Kleidungsstück vergessen habe.

Ich war noch ein kleiner Junge, aber etwas hatte ich daraus gelernt: Schlitzohrigkeit und unredliche Menschen sind überall zu finden.

Den Gipfel an Dreistigkeit jedoch erlebte ich bei folgender Episode auf dem Jahrmarkt: Ein Schneider war lange auf einem fehlerhaften dreiviertellangen Mantel mit schrägen Taschen sitzen geblieben. Sein Lehrling hatte eine Tasche versehentlich in der umgekehrten Schräge genäht, sodass man mit der Hand nicht hineinkam. Der Schneider bat einen Verkäufer namens Patyi, ihm zu helfen, diesen Mantel loszuwerden, den er schon eine ganze Weile von Jahrmarkt zu Jahrmarkt schleppte. »Verkauf ihn unter Preis, Hauptsache, du wirst ihn los!«, bat der Schneider den geübten Verkäufer.

Dieser zögerte nicht lange, und als er einen Bauern mit einer Peitsche in der Hand auf das Zelt zukommen sah, begrüßte er diesen, als würde er ihn seit eh und je kennen: »János Bácsi (Onkel Janosch), hast du schon den neuen Mantel gesehen? Das ist ein amerikanisches Patent und noch streng geheim.«

Ehe der Bauer noch eine Silbe hervorbringen konnte, hatte Patyi ihm im Nu den alten Mantel aus- und den neuen angezogen. Dann stellte er den Bauern vor den Spiegel, der im Zelt hing, raffte mit einer Hand hinten den Stoff zusammen, ohne dass der Bauer dies bemerkte, sodass es vorn und im Spiegel so aussah, als sei der Mantel genau nach Maß des potenziellen Käufers geschnitten. Dann nahm Patyi des Bauern rechten Arm, führte diesen über Kreuz und über den Bauch – und steckte dessen Hand in die falsch geneigte Tasche. Dann schob er dem ziemlich verdutzt blickenden Bauern dessen Peitsche unter den, über den Bauch verlaufenden Arm und sagte in triumphierendem Tonfall: »Siehst du? Wenn du im Winter auf dem Wagen sitzt, kannst du nicht nur die Peitsche halten, sondern hast auch gleich noch die Hand in der Tasche und spürst die Kälte nicht!«

Bevor der überrumpelte Bauer auch nur ein Wort erwidern konnte, sprach Patyi auch schon weiter: »Der Preis? Nicht teurer als …«, sagte er. Er nannte eine Summe, die um einiges höher war als der Neupreis eines makellosen Mantels, und doppelte noch nach, indem er dem immer noch sprachlosen Bauern mit einem verschwörerischen Flüstern in dessen Ohr raunte: »Du darfst aber nicht verraten, woher du diesen Mantel hast, Onkel Bácsi, denn erst im nächsten Monat wird eine neue Sendung aus Amerika eintreffen und offiziell zu einem viel höheren Preis in den Handel kommen.«

So kam es, dass der Schneider fortan Mäntel mit falschen Taschen eine ganze Weile serienweise herstellte und diese sich auch bestens verkauften.

*

Nach einiger Zeit konnten wir bei den Hathäzis ausziehen und in eine bessere und größere Wohnung übersiedeln, die nicht mehr neben den Stallungen lag.

Einige Wochen später, am Neujahrsfest, wurde ich krank. Der Arzt, Dr. Balog, stellte Diphtherie fest. Seinerzeit war diese ansteckende Krankheit sehr gefährlich. Meine Mutter erfuhr es, als sie in der Synagoge war, und eilte nach Hause. Auf Betreiben des städtischen Gesundheitsamts wurde eine rote Bekanntmachung an die Eingangstür geheftet, mit dem Wortlaut: »Wegen ansteckender Krankheit Zutritt verboten!« Mein Zustand verschlechterte sich von Stunde zu Stunde, ich war dem Ersticken nahe. Der Arzt ließ eilig ein neues Medikament aus Debrecen kommen, das in der Apotheke in Nyírbátor nicht vorrätig war. Er bat Mutter, dafür zu beten, dass das Medikament noch rechtzeitig einträfe. Tatsächlich kam es in letzter Minute.

Kurze Zeit nachdem er mir das Mittel gespritzt hatte, besserte sich mein Befinden, und ich war außer Lebensgefahr. Dr. Balog, der kein Jude war, weigerte sich, Honorar für die Behandlung anzunehmen. »Von armen Familien nehme ich kein Geld«, brummte er bloß.

*

Ein paar Wochen später brach im Bankgebäude von Nyírbátor Feuer aus. Das Gebäude brannte lichterloh. Die Sommerhitze hatte das Dach des Gebäudes so ausgetrocknet, dass die brennenden Schieferplatten, mit denen das Dach gedeckt war, durch die Luft flogen wie ein Schwarm Kometen. Manche flogen viele Meter weit, brennend und mit fauchenden Schweifen wie Feuerwerksraketen durch die Luft und schienen die ganze Stadt unter Beschuss zu nehmen.

Wir Kinder saßen in der Schule und schauten fasziniert und zugleich ängstlich diesem ungewohnten Schauspiel zu. Der Lehrer schien genauso ängstlich wie wir, denn er schaute mit aufgerissenen Augen bloß aus den Fenstern, wie wir alle, und schien nicht so genau zu wissen, was er tun oder sagen sollte, während die Schindeln wie feurige Drachen das Blau des Himmels fauchend durchtrennten.

Ich war damals knapp sechs Jahre alt und der Anblick, der sich meinen kindlichen Augen bot, war nicht erschreckend, sondern äußerst interessiert, denn nie zuvor in meinem Leben hatte ich bis zu jenem Zeitpunkt ein Feuerwerk gesehen. Dass die durch die Luft fliegenden, brennenden Schindeln eine Gefahr für die Schule und für uns alle darstellten – daran dachte ich keine Sekunde lang.

Plötzlich fühlte ich etwas, das mich von hinten packte. Ich schaute erschrocken über meine Schulter – es war Mutter, die hinter mir stand! Bevor ich richtig begriff, warum Mutter überhaupt hier war, hüllte sie mich in eine mitgebrachte Decke ein, schrie unserem Lehrer und meinen Mitschülern etwas zu – was genau es war, weiß ich nicht mehr –, packte mich mit hartem Griff, hob mich hoch auf ihre Arme … Und schon waren wir durch die Tür des Klassenzimmers, auf dem Flur und im Freien. Alles geschah so schnell – ich wähnte mich auf einem Karussell.

Erst ein paar Jahre später begann ich zu begreifen, was Mutter an jenem Tag für mich getan hatte: Sie hatte das Feuer in dem Bankgebäude bemerkt, als sie vom Markt auf dem Nachhauseweg war. Geistesgegenwärtig hatte sie unvermittelt begriffen, welche Gefahr die durch die Luft sausenden Schindeln für die anderen

Häuser darstellten. Ohne lange zu überlegen, hatte sie auch verstanden, dass unsere Schule jeden Augenblick von einem der feurigen Geschosse getroffen werden könnte und wir alle, auch ich, in der Schule verbrennen könnten. Mutter war nicht nur eine liebende Mutter, sondern auch eine intelligente Frau, und so rannte sie nicht kopflos drauflos und in die Schule, sondern zuerst nach Hause, packte eine Decke aus Wolle, tränkte diese mit Wasser, um erst danach, unter großer Gefahr wegen der brennenden Schindeln, die immer noch durch die Luft flogen, die Straße hinunter und zur Schule zu rennen. Im Klassenzimmer angekommen, packte sie mich – wie geschildert – in die Decke, schrie unserem Lehrer und auch meinen Klassenkameraden zu, dass sie schleunigst ins Freie eilen sollten, und brachte mich in Sicherheit.

Ob das Ganze wirklich so dramatisch war, wie man mir Jahre später erzählte, weiß ich nicht. Aber eines weiß ich mit Gewissheit: Dieses Bild, wie Mutter mich in der nassen Wolldecke durch die fauchenden und brennenden Schindeln, die durch die Luft heulten, nach draußen und nach Hause brachte – dieses Bild hat sich mir bis zum heutigen Tag tief in mein Inneres eingeprägt. Und ich werde es nie vergessen.

*

Unvergessen sind mir auch die winterlichen Dämmerstunden meiner Kindheit. Mutter saß dann mit uns auf dem Bett, das in der Küche stand. Um uns die Furcht vor der Dunkelheit zu nehmen, erzählte sie uns auf Jiddisch Märchen und Legenden oder Begebenheiten aus ihrer eigenen Kindheit und sang uns jiddische Lieder, wie »Margeriten«, »Im Tempel« oder »In dem Ofen brennt ein Feuer«, vor. Wir liebten diese gemütlichen Stunden und waren traurig, wenn sie vorüber waren. Vor dem »Trennsegen« sprach sie ein Gebet, das Frauen am Ausgang des Schabbats auf Jiddisch zu sagen pflegten. Darin bat sie den Gott Abrahams, Isaaks und Jakobs, das Volk Israel nun, da durch sein Walten der Schabbat zu Ende ging, vor allem Übel zu beschützen und in treuem Glauben allen eine gute Woche, einen guten Monat und ein gutes Jahr zu bescheren.

Mutter sorgte mit Hingabe für uns Kinder. Mich als Erstgeborenen hätschelte sie ganz besonders, denn sie wollte mich schnell erwachsen werden sehen. All ihr Hoffen und Streben richtete sich darauf, eine große, weitverzweigte Familie entstehen zu sehen, um sich dereinst in Israel an ihren Enkeln zu erfreuen. Aber auch um meine damals drei jüngeren Geschwister, Bernard, Leah, die alle nur »Lili« nannten und die eine unglaubliche Schönheit war, und Itzhak, kümmerte sich Mutter mit der Liebe, die nur eine Mutter ihren Kindern zukommen lassen kann.

Schatten des Unheils

1933 war ein dunkles Jahr für die Weltgeschichte: Am 27. Februar 1933 kommt es zu einer Brandstiftung im Reichstagsgebäude in Berlin. Obgleich von einem Einzeltäter durchgeführt, spricht die NSDAP von einem »kommunistischen Komplott«. Reichspräsident Paul von Hindenburg erlässt einen Tag später die »Verordnung zum Schutz von Volk und Staat«. Dadurch wird Deutschland in einen permanenten Ausnahmezustand versetzt. Viele Grundrechte der Weimarer Verfassung sind außer Kraft gesetzt. Verdächtige Personen können von nun an ohne Beweise und Anklage verhaftet werden. Dazu kommt, dass die Pressefreiheit nicht mehr existiert.

Am 23. März desselben Jahres stimmt der Reichstag dem »Ermächtigungsgesetz« zu. Dadurch wird das Prinzip der Gewaltenteilung aufgehoben. Das Ermächtigungsgesetz etabliert die nationalsozialistische Diktatur und öffnet den Weg zur Gleichschaltung von Staat und Gesellschaft.

Bereits im März wird in Dachau bei München eines der ersten Konzentrationslager errichtet. In erster Linie werden Mitglieder und Funktionäre der kommunistischen und sozialdemokratischen Parteien eingesperrt. Ab dem ersten April gibt es erste Boykottaktionen gegen Juden. Am 10. Mai finden in Berlin und anderen Städten in Deutschland große Bücherverbrennungen statt. Tausende Bücher, die nicht dem nationalsozialistischen Gedankengut entsprechen, werden verbrannt. Ab Mai sind in Deutschland alle Gewerkschaften verboten. Im Juli erlässt die Regierung das »Gesetz gegen die Neubildung von Parteien« – die NSDAP wird zur einzigen zugelassenen Partei Deutschlands.

Bereits vorher, am 7. April, werden alle jüdischen Beamten (mit einigen wenigen Ausnahmen) entlassen. Im selben Monat ergeht ein Zulassungsverbot für jüdische Ärzte und ein paar Monate später werden Juden aus allen kulturellen Berufen verbannt.

Die Stunde des kleinen Mannes mit dem kleinen Schnauzer war gekommen.

*

Ein paar Häuser von uns entfernt wohnte der alte Herr Molnár. Sein Haus stand an der Straßenecke. Als er in den Ruhestand getreten war, hatte er seine Getreidemühle seinen beiden Söhnen übereignet. Der alte Molnár, »Molnár Bácsi« (Onkel Molnár), wie wir ihn nannten, war klein, glatzköpfig und hatte immer eine Zigarre im Mund. Meist saß er auf der Holzbank vor seiner Tür, stets in Anzug mit Weste, über der die Uhrkette baumelte. Er grüßte die Vorübergehenden mit breitem Lächeln und vergnügte sich mit den Kindern der Umgebung. Mich beeindruckten vor allem sein Feuerzeug und die Taschenuhr. Einmal bat ich ihn, mir diese beiden Dinge zu vermachen, wenn er stürbe. Zur Antwort schüttelte er schmunzelnd den Kopf. Wenn ich an ihm vorüberkam, fragte ich ihn manchmal: »Na, Molnár Bácsi, sind Sie noch nicht gestorben?« Darauf lächelte er nur.

In der nächsten Straße stand die Molnár'sche Mühle, und im weiteren Verlauf kam ein Wäldchen, in das sich junge Pärchen zu »romantischem Tun« zurückzogen. Der alte Molnár musterte jedes Paar bei der Rückkehr aus dem Wäldchen und erklärte: »Die haben was gemacht.« Oder: »Die nicht.« Seine Logik erklärte er folgendermaßen: Ging bei der Rückkehr aus dem Wäldchen der Mann vorn, war das Ergebnis positiv, ging die Frau vorn, war es negativ, das heißt, es war nichts geschehen.

In Nyírbátor gab es getrennte Schulen für die einzelnen Glaubensgemeinschaften, darunter auch eine jüdische Schule sowie eine allgemeine gemischte Schule für alle.

Als ich in die erste Klasse der jüdischen Schule kam, gab es dort einen Lehrerwechsel. Herr Szilvási Ármin beendete in jenem Jahr einen langen Lebensabschnitt und ging in Pension. Er gehörte zu den Gründern dieser Schule und der »Status-quo-Gemeinde«, einer Glaubensrichtung innerhalb der ungarischen Juden. Als ich ein Bild von Elieser Ben-Jehuda, dem Erneuerer der hebräischen Sprache, sah, erinnerte es mich an Lehrer Szilvási. Die Ähnlichkeit war frappant. Szilvási übergab das Amt seiner Tochter Marischka.

Die sieben Schulklassen hatten nur vier Lehrer. Deshalb lernten je zwei Klassen in einem Zimmer. Lehrerin Marischka unterrichtete die erste Klasse, Frau Iduschka die Klassen 2 und 3, Herr Tihanyi die Klassen 4 und 5, und die beiden obersten Klassen, 6 und 7, übernahm der Schuldirektor, Herr Gondos, der vorher Gottlieb geheißen hatte. Die 7. Klasse war erst in jenem Jahr dazugekommen.

In meiner Schulzeit hat es zwei denkwürdige Zwischenfälle gegeben. Der Erste ereignete sich bei der Lehrerin Iduschka, als ich bei ihr in der 3. Klasse war. Ich hatte sie geärgert. Den Grund weiß ich nicht mehr, aber an die Schläge erinnere ich mich umso deutlicher. Sie packte mich hart an und hieb mit dem Lineal hysterisch auf meine Fingerkuppen ein. Vor Schmerz nun meinerseits hysterisch schreiend und in dem Bemühen, mich aus ihrem Griff zu befreien, trat ich ihr in den Bauch und sprang aus dem Fenster.

Mutter sprach mit der Lehrerin und regelte das Ungemach – wie immer schon.

Der zweite Zwischenfall passierte bei Lehrer Tihanyi in der 5. Klasse. Wir kamen einfach nicht miteinander aus. Tihanyi war ein begabter Zeichner und äußerst penibel. Wir mussten seine Zeichnungen von der schwarzen Wandtafel haargenau abmalen, ohne jegliche Zusätze. Einmal zeichnete er Weinblätter, die wir kopieren sollten. Aus eigenem Antrieb fügte ich alle möglichen Details an, um das Bild wahrheitsgetreuer zu machen. Tihanyi schritt die Reihen ab, blieb bei mir stehen, blickte auf mein Werk, nahm mein Zeichenblatt, riss es in Fetzen und forderte mich auf, von vorn zu beginnen. Starrköpfig zeichnete ich wieder genau das gleiche Bild. So ging der Krieg zwischen uns weiter: Ich zeichnete, er zerriss. Wer zum Schluss siegte? Natürlich Tihanyi. Er wollte mich nicht in die 6. Klasse versetzen. Deshalb ging ich fortan in die allgemeine Schule, an der ich zu den wenigen jüdischen Schülern zählte.

*

Mein Vater wurde als Graber Mozes am 17. Dezember 1903 im ungarischen Städtchen Nyírgyulaj geboren und wuchs in Nyírbátor auf.

Er interessierte sich nicht dafür, was ich in der Schule lernte. Kindererziehung war seiner Ansicht nach Mutters Domäne.

In meinen Kindheitsjahren hatte ich kein besonders inniges Verhältnis zu meinem Vater. Ich habe ihn als einen sehr pedantischen Mann in Erinnerung, der sich nicht sonderlich um mich zu kümmern schien. Zudem sah er mich, als seinen ältesten Sohn, wohl eher als eine willkommene Arbeitskraft an; ich sollte möglichst schnell groß werden, um zu arbeiten und die Familie zu unterstützen. Bildung jeglicher Art, außer der religiösen, schien ihn zudem nicht zu interessieren, und er erachtete es offenbar nicht für wichtig, dass seine Kinder eine gute Ausbildung erhielten.

Dennoch war er ein erstaunlicher Mann: Als autoritärer, flinker und fleißiger Mensch konnte er Faulpelze nicht ausstehen. In seiner eigenen Jugend und auch als Erwachsener hielt er es offensichtlich nicht so streng mit den religiösen Geboten, wie ich später herausfinden sollte. Aber nach außen hin gab er sich als gläubiger Jude, ging regelmäßig in die Synagoge und auch immer wieder zum Rabbi. Vater war in seinem inneren Wesen genau so ambivalent wie in seinem Äußeren. Seine eher kleine Statur schien ihm keine besonderen Minderwertigkeitskomplexe zu bescheren. Ganz im Gegenteil fand er schnell Anklang bei seinen Mitmenschen. Mit seinen funkelnden, schwarzen Augen und dem gepflegten, schwarzen Bart war er eine einnehmende Erscheinung – besonders bei Frauen.

Meist trug er modische Anzüge. Zu den Hemden legte er einen harten Kragen an und band eine passende Krawatte um. Ehe er am Schabbatabend in die Synagoge ging, zupfte er sich vor dem Spiegel mit der Pinzette überflüssige Härchen aus dem Gesicht. Seine Schuhe glänzten spiegelblank. Mutter nahm immer die letzte Musterung vor.

Seine Freunde waren meist jünger als er. An Wochenenden spielten sie bei uns daheim Rommé. Dieses Kartenspiel interessierte mich sehr, und ich bat Vater, es mir beizubringen. Seine Antwort lautete: »Du bist zu dumm dafür, es hat keinen Sinn, es dir zu erklären! Außerdem merk' dir, dass jede Beschäftigung außer Psalmenbeten Zeitvergeudung ist.« Aus irgendeinem Grund standen Psalmen bei ihm immer an oberster Stelle, weshalb er mich ständig aufforderte, Psalmen zu beten.

Da ich also seiner Ansicht nach für Rommé unbegabt war, wollte ich unbedingt lernen, Schach zu spielen. Ich ging in den Schachklub, in dem die Spieler mehrheitlich Juden waren. Ich sah stundenlang vielen Spielen zu, bis ich die Regeln so weit verstand, dass ich selbst mitmachen konnte.

Später und bei einer passenden Gelegenheit fragte ich meinen Vater: »Bist du bereit, mit mir Schach zu spielen?«

Seine Antwort war: »Das spielen nur Nichtjuden.«

*

Am 20. April 1934 wird Heinrich Himmler de facto der Chef der Gestapo in Preußen und am 20. Juli wird die Schutzstaffel (SS) zu einer eigenständigen Organisation innerhalb der NSDAP und direkt dem Führer unterstellt.

Ein paar Monate später, am 2. August desselben Jahres, stirbt Reichspräsident Hindenburg. Darauf hatte der kleine Mann mit dem Schnauzer nur gewartet, nutzt diese Chance und vereinigt die Ämter von Reichspräsident und Reichskanzler in seiner Person und führt ab sofort den Titel »Führer und Reichskanzler«. Zudem wird die Reichswehr, aus der ein Jahr später die Wehrmacht hervorgeht, auf ihn persönlich vereidigt.

Am 16. März 1935 wird die allgemeine Wehrpflicht wieder eingeführt und es beginnt der Aufbau der Wehrmacht mit einer Stärke von 580000 Mann. Damit bricht das Deutsche Reich die Verpflichtungen zur Truppenbeschränkung des Versailler Vertrags.

Das war aber längst nicht alles, denn am 10. September wird die »Rassentrennung« an allen Schulen eingeführt, und der 15. September markiert die Verabschiedung der »Nürnberger Rassengesetze«. Diese besagen, dass Eheschließungen zwischen Juden und Personen »deutschen oder artverwandten Blutes« verboten werden. Auch außerehelicher Verkehr zwischen Juden und Personen »deutschen oder artverwandten Blutes« ist ab sofort verboten. Zudem entzieht das am selben Tag beschlossene »Reichsbürgergesetz« den Juden in Deutschland die deutschen Bürgerrechte.

Am 1. August 1936 begannen in Berlin die Olympischen Spiele. Die Welt ließ sich blenden, denn diese für Deutschland höchst erfolgreichen Olympischen Spiele steigerten die Popularität des Führers im In- und Ausland.

Am 25. Oktober wurde ein geheimer Freundschaftsvertrag mit Italien geschlossen. Dieser Vertrag begründete die enge Verbindung zwischen Berlin und Rom. Ein paar Tage später sprach Benito Mussolini, Italiens Diktator, erstmals öffentlich von der »Achse Berlin–Rom«. Ziel des Vertrages war unter anderem die Annäherung beider Staaten hinsichtlich ihrer antikommunistischen Politik und ihrer jeweiligen Expansionsinteressen.

Am 26. Januar des folgenden Jahres wurden alle Beamten mit jüdischem Ehepartner entlassen, und noch im selben Jahr, am 5. November, enthüllte der Führer den obersten deutschen Militärs seine Kriegspläne: Er trug ihnen die von ihm beschlossenen außenpolitischen Ziele vor und forderte, dass die Wehrmacht innerhalb der nächsten zwei Jahre für einen Angriffskrieg aufgerüstet sein müsse.

Am 4. Februar 1938 entließ der Führer seine militärische Spitze und übernahm den Oberbefehl über die Wehrmacht persönlich. Und Mitte März desselben Jahres fand der Anschluss Österreichs statt. Am 12. März marschierten deutsche Truppen ins benachbarte Geburtsland des Führers ein und stießen dabei auf keinerlei Widerstand.

Am 9. November geschah etwas, was als »Reichskristallnacht« in die Geschichtsbücher eingegangen ist: In der Nacht vom 9. auf den 10. November überfielen Mitglieder der SA und SS in Zivil Tausende jüdische Geschäfte in ganz Deutschland und Österreich. Außerdem wurden etwa 400 Menschen ermordet oder in den Selbstmord getrieben und über 1400 Synagogen in Brand gesetzt.

Bald darauf wurden 30000 Juden in Konzentrationslager gesteckt und nur wieder freigelassen, wenn sie einer baldigen Ausreise zustimmten. Zudem musste die jüdische Bevölkerung für die Schäden der Pogromnacht aufkommen.

Am 30. Januar 1939 kündigte der Führer in einer Reichstagsrede an, dass er, für den Fall eines neuen Weltkriegs, die »Vernichtung der jüdischen Rasse in Europa« anstrebe.

Der Führer wandte sich mit dieser Drohrede indirekt an die demokratischen Staaten in Europa, um diesen eindeutig klar zu machen, dass er und Nazideutschland keine Juden im eigenen Land mehr dulden würden und dass die umliegenden Staaten die Unerwünschten aufzunehmen hätten. Doch keiner wollte die Juden bei sich aufnehmen. Ob dieser Umstand Hitler als Rechtfertigung für seine künftigen Verbrechen dienen sollte, ist nicht nachvollziehbar.

Dreizehn

Das Unheil begann mit einer schlechten Entscheidung meines Großvaters väterlicherseits: Als die österreichisch-ungarische Doppelmonarchie nach dem Ersten Weltkrieg zerfiel, sollten sich deren Einwohner die ihnen genehme Staatsbürgerschaft aussuchen. Vaters Vater beantragte die ungarische Staatsbürgerschaft für sich, seine Frau und seinen ältesten Sohn Berisch. Die beiden minderjährigen Söhne Mozes und Zwi-Herschel schloss er jedoch aus einem mir unbekannten Grund nicht in das Einbürgerungsgesuch ein.

Infolgedessen entstand eine absurde Situation: Mein in Polen geborener Großvater väterlicherseits wurde ungarischer Staatsbürger, während seine Söhne Mozes, mein Vater also, und Zwi-Herschel, die in Ungarn geboren waren, polnische Staatsbürger wurden – zumindest nach Auslegung der damaligen ungarischen Behörden.

Als 1938 und in den folgenden Jahren antijüdische Gesetze in Ungarn erlassen wurden, waren davon zuvorderst die Juden mit fremder Staatsbürgerschaft betroffen und wurden nach und nach zu »Staatenlosen« erklärt. Aufgrund dieser Gesetze verlor Vater seinen Gewerbeschein. Er musste sein Uhrengeschäft schließen, das er zusammen mit Mozes Fetmann geführt hatte, eröffnete aber ein neues in Partnerschaft mit einem Nichtjuden. Doch schon einige Zeit später musste er auch dieses aufgeben.

Vater war sich für keine Arbeit zu schade, um seine Familie zu ernähren, und nahm bereitwillig jede an. Zuerst machte er beim Großhändler Lefkowitz, dem Gemeindevorsteher der orthodoxen Gemeinde, Waren versandfertig. Danach arbeitete er bei einem Freund in dessen Bekleidungsgeschäft.

Aber die lokalen ungarischen Gendarmen machten ihm das Leben schwer. Er musste untertauchen, um die Ausweisung der Familie zu verhindern, denn die Gesetze besagten, dass Familien nur *zusammen* mit ihrem Oberhaupt auszuweisen seien. Deshalb bestand gegen Vater ab etwa 1939, wenn ich mich richtig erinnere, auch ständig ein Suchbefehl in unserer Gegend. Doch unsere Stadt lag in einer abgelegenen Region, und dies machte sich Vater zunutze: Er reiste fortan immer in andere Gegenden, um dort zu arbeiten. Da die Gendarmen bei uns nicht sehr zahlreich waren und kaum mit den anderen Städten und Gegenden kommunizierten, gelang es Vater, sie durch seine Reiserei ziemlich lange an der Nase herumzuführen und einer Gefangennahme zu entgehen.

*

An meinem dreizehnten Geburtstag im Juli 1939, zu meiner »Bar-Mizwa«, wurde ich zum Mann oder besser: zum »Sohn des Gebots« erkoren.

Als Bar-Mizwa bezeichnet man im Judentum den Zeitpunkt, an dem die religiöse Mündigkeit eintritt. Knaben erreichen sie im Alter von dreizehn Jahren (Mädchen im Alter von zwölf Jahren). Dieser Übergangsritus geht mit der physiologischen Pubertät einher.

Aber in Tat und Wahrheit war ich eigentlich noch ein Kind, das an seiner Mutter hing und einfach nur eine unbeschwerte Jugend zu haben wünschte. Was in der großen weiten Welt geschah, wusste ich kaum, und ich hatte in jenem Jahr nicht den blassesten Schimmer, wer Adolf Hitler war und was im fernen Deutschland vor sich ging.

Da wir ziemlich arm waren, hatte ich kein besonderes Geschenk zu meiner Bar-Mizwa-Feier erwartet. Aber zu genau dieser Bar-Mizwa-Feier geschah in meinen damals immer noch kindlichen Augen ein Wunder: Meine beiden Onkel mütterlicherseits, Shlomo und Jakob, die zu diesem Anlass zu Besuch kamen und die ich beide zuvor nur einmal in meinem Leben gesehen hatte – an Malkas Hochzeit, als ich auch meinen Vater zum ersten Mal zu Gesicht bekam –, diese beiden Onkel schenkten mir eine Uhr. Und jeder von den beiden je eine Uhr! Ob sie vergessen hatten sich abzusprechen und ihnen deshalb dieses »Missgeschick« passierte, weiß ich nicht. Doch das war mir in jenem Augenblick auch egal, denn der eine meiner beiden Onkel schenkte mir eine Taschenuhr und der andere hatte mir eine Armbanduhr mitgebracht.

Was man dazu wissen muss, ist, dass der Wert dieser beiden Geschenke seinerzeit für mich schier unermesslich war. Ich hätte vor Begeisterung am liebsten aller Welt gezeigt, dass ich nicht nur *eine* Uhr besaß, sondern gleich *zwei*!

Als Vater, verspätet und als alle schon wieder gegangen waren, von einer seiner »Geschäftsreisen« zurückkehrte, rannte ich ihm freudig entgegen, um ihm die Uhren zu zeigen, die ich bekommen hatte. Vater runzelte seine Stirn, schaute mich mit einem merkwürdigen Blick an und sagte: »Diese Uhren sind wertvoll und du brauchst keine Uhr … und schon gar nicht derer zwei.« Er nahm mir beide Uhren aus der Hand, beugte sich über mich und blaffte: »Das Geld können wir gut gebrauchen. Ich werde sie verkaufen.«

Mutter war dagegen und forderte ihn auf, mir die Uhren wiederzugeben, aber Vater verkaufte sie trotzdem. Ich war wütend und enttäuscht, konnte ihm die Sache nicht verzeihen. Und so schwor ich mir, eines Tages eine neue Uhr zu erwerben – eine, die mir kein Mensch je wieder wegnehmen würde!

*

Später verbrachte Vater die meiste Zeit im Zug zwischen Nyírbátor und Budapest – auf »Geschäftsreise«, wie er es nannte. Mutter machte derweil täglich die Runde bei den jüdischen Kaufleuten von Nyírbátor und erhielt Einkaufsbestellungen für Buda-

pest. Vater stieg vorsichtshalber meistens gar nicht aus dem Zug aus, sondern übergab die Pakete für die betreffenden Kaufleute direkt meiner Mutter und diese reichte Vater die neuen Bestellungen weiter. Die Eisenbahnschaffner hatte er größtenteils bestochen und so hielten diese Ausschau. Wenn Gendarmen sich dem Zug näherten, warnten sie Vater und versteckten ihn im Schaffnerabteil. Die Gendarmen kamen auch fast jede Nacht zu uns ins Haus, um ihn zu suchen, und lauerten ihm auch am Lehrhaus auf. Die wenigen Male, da Vater sich zu jener Zeit nachts in unser Haus schlich, um zu übernachten, war er stets sehr vorsichtig, um von niemandem gesehen zu werden.

Irgendwann hatte Vater jedoch genug von der stetigen Hin- und Herfahrerei von und nach Budapest, und so nahm er eine Arbeit in einer Gerberei an. Diese war weit genug von unserer Stadt entfernt, sodass er sich dort sicher fühlte. Doch die Arbeit in der Gerberei war die schwerste Arbeit seines Lebens, die er nicht lange durchhielt. Jeden Abend hatte er Rückenschmerzen, wie er uns erzählte, und so beschloss er, sich abermals eine neue Einkommensquelle zu suchen. Er kaufte ein Fahrrad und verkaufte fortan Kurzwaren in den umliegenden Dörfern. Obschon er es uns nie verriet, glaube ich, dass er noch andere Einnahmequellen hatte und immer ziemlich viel Geld und wertvolle Uhren an verschiedenen Orten versteckt hatte. Meine Vermutung sollte sich später als richtig erweisen.

Zu jener Zeit war Vater, wie ich schon sagte, ein sehr gläubiger Mann. Dieser Umstand mag ihn zu einer Unvorsichtigkeit verleitet haben, denn als er von der orthodoxen Gemeinde gebeten wurde, die Wartung ihrer »Mikwe«, eine Art ritueller Badeanstalt, zu übernehmen, willigte er ein. Diese Arbeit hatten bis dahin nur Nichtjuden verrichtet, aber die Gemeinde wollte fortan lieber jemanden aus dem eigenen Umfeld haben, der die Aufgabe übernehmen könnte.

Eine Weile lief auch alles bestens – doch eines Tages erwischten ihn die Gendarmen doch noch, und so wurde er umgehend zum Arbeitsdienst eingezogen. So kam es, dass ich, obschon erst dreizehn Jahre alt, seine Arbeit in der Badeanstalt übernahm.

Jetzt, da Vater beim Arbeitsdienst war, musste ich mithelfen, die Familie zu ernähren, und nebst meiner Arbeit in der Badeanstalt eine weitere suchen. Dies hatte zur Folge, dass ich die Schule verlassen musste.

Meine Mutter war zunächst nicht damit einverstanden, dass ich die Schule verlasse, um statt dessen zu arbeiten. Bildung war für sie sehr wichtig und sie war aus tiefstem Herzen davon überzeugt, dass ich und auch meine Geschwister dereinst studieren sollten und zudem der eine oder andere vielleicht sogar seine künstlerische Ader, die wir alle in uns hatten, ausleben könnte.

Doch aufgrund unserer prekären finanziellen Situation willigte sie schweren Herzens ein. Aber meine

Mutter wäre nicht meine Mutter gewesen, wenn sie nicht dennoch darauf beharrt hätte, dass ich zumindest ein vernünftiges Handwerk erlernen sollte.

»Wenn wir, wie ich hoffe, einmal nach Israel auswandern, wird es gut sein, wenn du einen praktischen Beruf erlernt hast, mein Junge.«

Sie meinte, das Glaserhandwerk sei eine gute und nützliche Ausbildung, und deshalb wandte sie sich an Herrn Doved Österreicher, der als Glaser und Rahmenbauer einen guten Ruf genoss, und bat ihn, mich als Lehrling anzunehmen.

Nach seiner Zustimmung wurde ein Vertrag unterzeichnet. Herr Doved Österreicher, ein großer Mann mit langem rotem Bart, gehörte zu den orthodoxen Juden Nyírbátors, trug eine hohe Rundkappe zum Gehrock und galt als erstklassiger Handwerker und Thoragelehrter.

Beim Antritt der Lehrstelle hatten Mutter und Doved Österreicher vereinbart, dass ich am letzten Freitag des Monats einen Vorschuss erhalten sollte. Als der Zahltag kam, war ich ganz stolz und aufgeregt, dass ich zum ersten Mal selbstverdientes Geld nach Hause bringen würde. An dem betreffenden Freitag war ich sehr fleißig, beendete alle mir aufgetragenen Arbeiten, putzte Laden und Bürgersteig und wartete ungeduldig auf den Zahltermin. Einige Minuten vor zwei Uhr stellte ich mich vor die Kasse, hinter der Herr Österreicher saß.

Er fragte mich: »Worauf wartest du?«

Ich sagte ihm, ich warte auf Geld.

Er schrie mich an: »Von was für Geld sprichst du denn?! Ich habe nichts!«

Ich zuckte zusammen wie ein verwundetes Tier und handelte jähzornig – schnappte ein Gewicht vom Tisch und schleuderte es mit aller Kraft auf das Regal, in dem ein teures Porzellanservice ausgestellt stand. Fast alles ging zu Bruch. Ich hatte erheblichen Schaden angerichtet und flüchtete sofort nach draußen.

Vor Angst und Scham, ohne Geld nach Hause zu kommen, streunte ich in der Stadt herum. Schließlich kam ich mit roten Augen heim, nachdem die Schabbatkerzen schon angezündet waren. Mutter beruhigte mich wie üblich, zeigte mir, dass alles für den Schabbat vorbereitet war und wir gewiss nicht verhungern würden. Sie versprach mir, die Sache am Sonntag zu regeln. Am Sonntag sah ich Doved Österreicher bei uns zu Hause sitzen und mit Mutter sprechen. Er hatte das Geld mitgebracht, das er mir hätte zahlen müssen. Ich platzte dazwischen und bat Mutter, nicht mit ihm zu reden, da ich nicht vorhätte, weiter bei ihm zu arbeiten. Aber Mutter hatte ihre Wege. Sie schaffte es, sowohl Österreicher als auch mich zu überreden.

Als ich bei Doved Österreicher zu arbeiten begann, fragte er mich nach meinem Namen. Ich antwortete: »Ich heiße Shlomo.« Als habe er meinen Namen gar nicht verstanden, gab er mir stattdessen den Namen Samu, der sich ungarischer anhörte, wie er meinte. Natürlich wehrte ich mich gegen den neuen Namen. Jedes Mal, wenn er »Samu« rief, stellte ich mich taub und tat so, als hätte ich nichts gehört. Es interessierte mich auch wenig, dass er sich deswegen jedes Mal furchtbar aufregte und so lange »Samu, bist du taub?« durch den Laden schrie, bis ich endlich reagierte.

Eines Tages erschien eine Baronin in Begleitung mehrerer Dienstmädchen im Laden. Vor der Tür wartete ein prächtiger Vierspänner. Die Baronin hatte ein Gobelinbild zum Rahmen mitgebracht.

Ein Gobelinbild zu rahmen, war eine knifflige Aufgabe. Man musste darauf achten, dass die Linien in alle Richtungen gerade verliefen. Ich hatte mich auf diese Arbeit spezialisiert. Deshalb sollte ich mir auf Österreichers Geheiß hin das Bild ansehen und ihm einen Rahmen anpassen. Ich hörte Österreicher »Samu! Samu!« rufen, stellte mich aber wie immer taub. Als er merkte, dass ich nicht reagierte, hörte ich ihn plötzlich meinen richtigen Namen, »Shlomo«, rufen. Daraufhin eilte ich herbei.

Bei ihm angekommen, nahm ich allen Mut zusammen und fragte ihn in meinem holprigen Ungarisch vor der erlauchten Dame: »Herr Österreicher, wenn Sie sich Ihres Bartes nicht schämen, warum sollte ich mich dann meines Namens schämen? Sobald Sie bereit sind, Ihren Bart abzunehmen, bin ich auch bereit, Samu statt Shlomo zu heißen!« Von da an nannte er mich stets bei meinem richtigen Namen.

Mit dem Lohn, den ich bei Österreicher erhielt, konnte ich nicht viel zur Ernährung der Familie beitragen.

Deshalb musste ich mir weitere Einnahmequellen suchen. Abends half ich meiner Mutter beim Sieden von Wäscheseife, die sie an Bauern verkaufte. Außerdem mästeten wir Gänse, deren Leber Mutter an Budapester Händler verkaufte; das Fleisch behielten wir selbst. In den Abendstunden fand ich Arbeit bei Schlosser Klein. Ich beschlug Schuhe mit Eisen und lernte auch ein paar elementare Schlosserarbeiten wie Blechnern oder Wasserpumpen zu reparieren. Als ich Pumpen reparieren konnte, bekam ich manchmal auch Privataufträge.

Meine anstrengendste Arbeit jedoch war die Wartung der Mikwe, der Badeanstalt. Ich stand bei Tagesanbruch auf, um die Mikwe für die Gemeindemitglieder herzurichten, die in aller Frühe kamen, um vor dem Morgengottesdienst ins Tauchbad zu gehen. Ich musste den Ankleideraum und die Badezellen putzen, rund sechzig Holzschemel scheuern und abspülen, das Wasser im Tauchbad erwärmen, den Boiler für die Wannenbäder anheizen, die Abwasserpumpen in Betrieb setzen und den Wasserbehälter auf dem Dach auffüllen, aus dem das Wasser in die Wannen floss. Die schwierigste Aufgabe war das Anheizen und Reinigen des Ofens, der mitten im Tauchbad stand. Dazu musste ich mit einem Korb Feuerholz in den Händen über einen schmalen Holzsteg balancieren wie ein Zirkusartist und dann den Ofen erst mal von Asche und Ruß reinigen.

Ich richtete mir auch ein Friseur-Eckchen ein und schnitt den Badegästen am Freitag die Haare, was ich bald recht gut konnte und was mir ein erkleckliches Einkommen bescherte.

*

Es gab 1939 einen sehr warmen Spätsommer, wenn ich mich recht entsinne. Im Rückblick war es vielleicht der letzte unbekümmerte Augenblick meiner frühen Jugend. Ich war offenbar ein recht ansehnlicher Bursche geworden: Für mein Alter war ich schon ziemlich groß, mein Teint golden von der Sommersonne, meine Schultern waren breit, meine Taille schmal und ich hatte auch schon ziemliche Muskeln von der harten Arbeit, der ich tagtäglich nachging. Und der Kontrast zwischen meinen dunklen Haaren und der braun gebrannten Haut einerseits und meinen azurblauen Augen andererseits war so frappierend, dass ich – wie ich zunächst selbst gar nicht bemerkte – eine unglaubliche Anziehungskraft auf das weibliche Geschlecht auszuüben schien, wie ich an den Blicken der Mädchen und auch Frauen, die ich zunächst gar nicht recht zu deuten wusste in meiner noch eher kindlichen Naivität, immerhin erahnen konnte.

Wie fast jeder Knabe, der an der Schwelle zum Jüngling steht, war ich nicht nur voller Tatendrang, sondern auch ganz andere »Gefühle« begannen sich in mir zu regen. Nun, um es direkt zu sagen: Meine Hormone begannen sich langsam, aber sicher zu melden, und dies vermochte keine Religion oder Erziehung dieser Welt, auch meine jüdische nicht, zu ändern – zum Glück ist das so, sei an dieser Stelle angemerkt.

Aber in der Zeit, in der ich ein Jüngling war, gab es weder Internet noch Mobiltelefone, das Fernsehen war zwar schon erfunden, aber bei uns in Nyírbátor noch gänzlich unbekannt. Bis zu jenem Zeitpunkt hatte ich weder ein Bild einer erwachsenen nackten Frau noch eine solche in natura gesehen – noch nicht einmal andeutungsweise.

Doch der Drang in mir wurde immer größer – und genauso erging es meinen gleichaltrigen oder etwas älteren Kameraden und früheren Mitschülern.

Wir ließen uns selbstverständlich von diesen inneren »Gelüsten des Fleisches« nichts anmerken – weder zu Hause noch bei der Arbeit sprach einer von uns je ein Wort über solche Dinge ... Untereinander, wenn wir Jungs alleine waren, aber schon.

Gewisse Dinge vergisst ein Mensch sein Leben lang nicht. So ergeht es mir auch mit nachfolgender Episode. Nicht, dass ich im Rückblick meine, diese sei für mein Leben extrem prägend gewesen ... Aber dennoch habe ich das folgende Ereignis nie vergessen:

Eines Tages sagte mir mein Schulkumpel Ben, er war ein oder zwei Jahre älter ich, aber etwa gleich groß und mit seinem schmalen, immer etwas bleichen Gesicht und der spitzen Nase, die dauernd den Anschein machte, als ob sie die Umgebung schnüffelnd nach möglichen lauernden Gefahren abtastete – kurzum, Ben, dem man eine gewisse Ähnlichkeit mit einem Nagetier nicht absprechen konnte, drehte unvermittelt seine Nase in meine Richtung und sagte: »Wenn du *es* mal ausprobieren willst, Shlomo, dann weiß ich, bei wem du das tun könntest.«

Ich glaube, wir saßen, wie so oft nach der Schule, auf einem Baumstamm nahe des Waldrands und beobachteten die arbeitenden Bauern auf den etwas weiter entfernten Feldern.

Ich schaute meinen Kumpel Ben verblüfft an und fragte: »*Was* ausprobieren?«

Er stieß mich mit seinem spitzen Ellenbogen grinsend seitlich in die Rippen und griente: »Na was wohl?«, und machte dabei eine etwas obszöne Geste mit seiner rechten Hand.

Jetzt hatte ich begriffen, wovon er sprach, und ohne dass ich hätte etwas dagegen tun können, spürte ich, wie mir die Schamesröte ins Gesicht schoss.

Ben grinste bloß über sein langes Gesicht und sagte nur: »Raise«, was auf Jiddisch Rose bedeutet. Ich schaute ihn wohl verständnislos an, und er schien meinen Blick richtig interpretiert zu haben, denn sogleich fügte er erklärend hinzu: »Die Jüngste der drei Bäckersschwestern. Du weißt schon, die *Raise* eben!«

Jetzt erst fiel bei mir der Groschen. Ja, natürlich wusste ich, von wem Ben sprach: Rose. Die Bäckerstochter. Ich kannte sie nur flüchtig, obschon wir auf dieselbe Schule gegangen waren, denn sie war ein Jahr älter als ich, also so um die vierzehneinhalb, und lernte in einer anderen Klasse und einem anderen Schulzimmer. Zudem wohnte sie mit ihren Schwestern und Eltern am anderen Ende der Stadt, wo ihr Vater eine Bäckerei betrieb. Wie gesagt, ich wusste kaum etwas über diese Rose, einzig, dass ihr Vater ein sehr frommer Mann sein musste, denn diesen hatte ich schon oft in der Synagoge gesehen.

›Unmöglich!‹, schoss es mir durch den Kopf, während mein Mund gleichzeitig vor Erstaunen und Unglauben ziemlich offen gestanden haben muss, während ich erneut und unbewusst meinen Kopf schüttelte und dachte: ›Die Rose? Dieses pummelige rothaarige Mädchen, deren Sommersprossen sich so krass von der schneeweißen Haut abhoben, dass einem diese schon von Weitem wie rostrote Flecken in die Augen stachen? Dieses dickliche Mädchen, das sich wohl, wie auch ihre Schwestern, zu sehr an den Produkten ihres Vaters gütlich tat und das ich noch nie ohne einen langen Rock und nur mit langärmeligen Blusen, die jeden Fleck Haut an ihr, sommers wie winters, verdeckten, gesehen hatte? … Diese Rose soll …?‹

Wieder schien Ben meine zweifelnd-ungläubigen Gedanken erahnt zu haben, stieß mich erneut in meine Rippen und sagte grinsend: »Ja, genau *die*. Kaum zu glauben ist das … aber wahr.« Er machte eine lange Kunstpause, dann lachte er, schnalzte mit der Zunge und fuhr fort: »Glaub mir, Shlomo, die macht es mit *allen*!«

Ich starrte Ben mit offenem Mund fassungslos an, dann winkte ich ab: »Ach Quatsch, Ben, das ist doch alles nur Gerede!«

Plötzlich beugte sich Ben ganz nah zu mir herüber und flüsterte mir kaum hörbar ins Ohr: »Ich selbst habe es auch schon mit ihr getan.«

Plötzlich sprang er von dem Baumstamm auf, baute sich vor mir auf, beugte sich über mich und sagte leise und mit einem verschwörerischen Tonfall: »Aber es gibt eine Regel, die du unbedingt beachten musst ...«, erneut schien es ihm Freude zu bereiten, was er mir mitzuteilen hatte, möglichst lange hinauszuzögern. »... Die Raise besteht darauf, dass es nicht länger als fünf Minuten dauert! Hast du kapiert, Shlomo? Mach es ja nicht länger als fünf Minuten ... Sonst verpetzt sie dich!«

Dann drehte er sich um, ging langsam davon. Doch nach ein paar Schritten hielt er nochmals inne, drehte sich zu mir um und grinste wie ein Honigkuchenpferd von einem Ohr zum anderen: »Wenn du es mit ihr ausprobieren willst, dann findest du sie jeden Dienstag nach der Schule im alten Heuschober des verlassenen Gehöftes neben dem der Familie Zuckerberg.«

Ein paar Tage später war ich alleine zu Hause, denn Mutter war auf dem Markt und Vater unterwegs in Richtung Budapest und meine kleineren Geschwister bei der Nachbarin. Die ganze Zeit war mir das, was mir mein Kumpel Ben über Rose gesagt hatte, im Kopf rumgeschwirrt. Es war ein Dienstag und mein Körper – besser gesagt, meine Lust – hatte über meine Angst, etwas Verbotenes zu tun, gesiegt, und so hatte ich Ben ein paar Tage zuvor gebeten, mir einen »Termin« mit Rose zu verschaffen.

Ich wusch mich von Kopf bis Fuß, zog meine schönsten Sachen an und – fast hätte ich es vergessen – nahm Mutters Armbanduhr aus der Kommode im Schlafzimmer und band mir diese an mein Handgelenk. Meine eigenen beiden Uhren, die ich zur Bar-Mizwa von meinen Onkeln als Geschenk erhalten hatte, hatte Vater ja längst verkauft, und da mich Ben mehrmals noch ermahnte, auf keinen Fall Roses eiserne »Nicht-länger-als-fünf-Minuten-Regel« zu missachten und ich diese sehr ernst nahm, »borgte« ich mir Mutters Uhr eben kurzerhand aus. Ich würde schließlich wieder zu Hause sein, bevor Mutter vom Markt zurückkäme, dachte ich beschwingt und erregt, als ich das Haus verließ.

Als ich am verlassenen Gehöft ankam, war es Punkt vier Uhr. Ich hatte wieder und wieder auf die Uhr geschaut, denn ich wollte einerseits pünktlich sein und andererseits Roses »Fünf-Minuten-Regel« keinesfalls verletzen, sodass ich versuchte, mir den Zeitraum von fünf Minuten zu merken.

Die Sonne brannte immer noch heiß vom Himmel an diesem Spätsommertag des Jahres 1939, doch dies war kaum der Grund für die Schweißperlen, die mir über die Stirn liefen. Fast hätte ich rechtsum kehrt gemacht, als ich vor dem alten Heuschober stand. Kein Laut war zu hören. Meine Schritte wurden immer zögerlicher, je mehr ich mich dem großen Scheunentor näherte, das einen Spaltbreit offen stand. Plötzlich fand ich das Ganze gar keine gute Idee mehr und dachte: ›Bloß weg hier!‹, und drehte mich auf dem Absatz herum … Da hörte ich ein leises, schabendes Geräusch aus dem dunklen Inneren der Scheune an mein Ohr dringen.

Um es kurz zu machen: Die Begierde hatte doch noch gesiegt an jenem Tag. Als ich in die Scheune eintrat, sah ich erstmal fast nichts, so dunkel war es darin. Nachdem sich meine Augen an das düstere Licht gewöhnt hatten, sah ich sie! Wie immer trug sie ein langes, dunkles Kleid, und wäre da nicht ihr schneeweißes Gesicht gewesen, nur etwas abgemildert durch die Sommersprossen, die wie eine Armada unzähliger Kleckse aus der weißen Haut hervorstachen; ich wäre wahrscheinlich über sie gestolpert … denn Rose lag rücklings am Boden: Auf einem alten Jutesack lag sie und starrte mich wortlos an.

Als ich zögernd etwas näher trat, auf sie hinabschauend meinen Mund zu einer Frage öffnen wollte, hob sie ihren schneeweißen Zeigefinger an ihre Lippen. Dann beugte sie sich, ohne ganz aufzustehen, zu mir hoch, und bevor ich begriff, was ihre Hände mit mir taten, stand ich schon halb nackt mit heruntergelassenen Hosen vor ihr. Wäre es nicht so düster in dem Schuppen gewesen – mein knallrotes Gesicht hätte wohl gestrahlt wie eine Heizlampe. Und noch bevor ich auch bloß irgendetwas stammeln konnte, zog sie mich mit ihren erstaunlich kräftigen Armen zu sich und auf sie hinunter. Unsere Gesichter waren einander so nah, dass ich ihrem Atem auf meinen Lippen fühlen konnte. Ohne dass ich es zuvor bemerkt hatte, hatte sie ihren Rock einfach über ihre Hüften hochgehoben, und erst jetzt spürte ich Fleisch auf Fleisch und gleichzeitig eine Regung, ein unbeschreibliches Gefühl zwischen meinen Lenden, betörend und – schön. Mir schien jener Augenblick eine Ewigkeit, so intensiv fühlte ich ihn.

Wie lange es wirklich war – ich weiß es ehrlich nicht. Aber plötzlich fühlte ich einen Ruck durch mich gehen, und bevor ich nur im Ansatz begriffen hatte, was geschehen war, hatte mich Rose unsanft hochgestemmt und sich unter mir weggerollt. In einer einzigen fließenden Bewegung – sie schien Übung darin zu haben, wie ich im Rückblick dachte –, sprang sie auf ihre Beine, strich ihren Rock gerade. Und ehe ich mich versah, war sie nach draußen und ins Freie gehuscht und verschwunden.

Als ich, immer noch etwas verwirrt und auch am ganzen Körper ein wenig zitternd (aus Wohlgefühl, wie ich zugeben muss), in die Sonne nach draußen trat – in diesem Augenblick war ich ein wenig stolz, ja fast schon überheblich in meinem Innern, denn ich war absolut überzeugt in jenem Moment, dass *ich* es wohl als Erster geschafft haben müsste, Rose ihre eigene und heilige Fünf-Minuten-Regel vergessen zu lassen. ›Schließlich hat das Ganze bestimmt eine Stunde, wenn nicht länger, gedauert …‹, sinnierte ich mit einem zufriedenen Lächeln auf meinen Lippen und schaute dabei, eher beiläufig, kurz auf Mutters

Uhr an meinem Handgelenk: Ich traute meinen Augen erst nicht! Im ersten Moment war ich überzeugt davon, dass die Uhr in unserem Liebestaumel in der Scheune kaputtgegangen sei …

Aber weit gefehlt: Mutters Uhr lief einwandfrei und bezeugte, was mir so gar nicht in den Kopf gehen wollte: Insgesamt waren *keine* fünf Minuten vergangen!

Und die nächste Überraschung folgte sogleich, als ich bei uns zu Hause eingetreten war. Mutter war schon zurück, wie ich erschrocken feststellen musste, als ich sie am Spülbecken in der Küche sah.

Ich weiß bis heute nicht, und wir haben danach auch nie darüber gesprochen, wie sie es herausgefunden hatte, denn ohne sich vom Spülbecken umzudrehen, sagte Mutter mit verschmitzt klingender Stimme: »Und … wie war's?«

*

So war ich also, auch im nicht-religiösen Sinne, im Spätsommer 1939 zum Mann geworden, währenddessen ein anderer Mann im fernen Deutschland im Begriff war, die Welt in Chaos und Verderben zu stürzen, denn am 1. September 1939 begann der kleine Mann mit dem kleinen Schnauzer, der Führer also, oder noch präziser, Adolf Hitler, seine Eroberungsträume umzusetzen und befahl seinen Armeen den Angriff auf Polen.

Der Zweite Weltkrieg hatte begonnen.

Ein Wunder

In Europa tobte der Zweite Weltkrieg. Das Volk der »Dichter und Denker«, dessen Literatur bis ins Mittelalter zurückreicht und das Literaten wie Walther von der Vogelweide, Johann Wolfgang von Goethe, Friedrich Schiller sowie die Brüder Grimm hervorbrachte, dieses Volk der Hochkultur, das mit Heinrich Heine, Kurt Tucholsky, Bertolt Brecht, Thomas und Heinrich Mann oder Hannah Arendt – um nur einige zu nennen – die wunderbarsten Männer und Frauen gebar, die der Welt wahre Wunderwerke an geschriebenen Texten hinterlassen haben, dieselbe Nation, die einige der einflussreichsten Philosophen wie Gottfried Wilhelm Leibniz, Nikolaus von Kues, Immanuel Kant, Georg Wilhelm Friedrich Hegel, Arthur Schopenhauer, Martin Heidegger und Friedrich Nietzsche hervorbrachte, dieses großartige Land, das unter vielem mehr auch einige der größten Komponisten wie Ludwig van Beethoven, Robert Schumann und Felix Mendelssohn Bartholdy, Johannes Brahms und Richard Strauss sich zugehörig nennen durfte – dasselbe Volk, dieselbe Nation, wurde wie aus dem Nichts von einem Bazillus des Bösen angesteckt. Einer unheilbaren, hoch ansteckenden Krankheit gleich, verbreitete sich dieser »Virus der Unmenschlichkeit« unter den Töchtern und Söhnen all jener, die so wundervolle Melodien, Bücher und

Gedanken hervorgebracht und die Welt für immer bereichert hatten. Und als hätte es eine »Kulturnation Deutschland« nie gegeben, tauschte man die Feder mit dem Gewehr, verbrannte Bücher, anstatt diese zu lesen, und intonierte anstelle wundervoller Sonette und Symphonien die Kriegstrommeln. Aus dem Volk der »Dichter und Denker« erwuchsen nun Schläger, Schreibtischtäter und Rassisten, die gewaltbereit und gehorsam dem Hassgeschrei dieses kleinen Mannes folgten, der von einem tausendjährigen Reich träumte. Wenn ich ganz ehrlich bin, so kann ich diesen Umstand, dass Menschen sich dermaßen verändern können, bis heute nicht verstehen.

Und zu Beginn schien Hitlers Traum tatsächlich in Erfüllung zu gehen, denn seine willfährigen Schergen eilten von Sieg zu Sieg, unterwarfen Nation um Nation und schienen nicht mehr aufzuhalten zu sein.

*

Von all dem bekamen wir in der Abgeschiedenheit unseres kleinen Ortes nichts mit. Vielleicht wollten wir, wie Zigtausende andere Juden in Ungarn auch, einfach nichts von alledem wissen oder wahrhaben, sodass wir uns in einer trügerischen Sicherheit wähnten. Doch diese vermeintliche Geborgenheit sollte nicht mehr lange andauern, denn was weder ich noch sonst jemand aus unserem Umfeld ahnte, war längst in Planung: die sogenannte »Endlösung«.

Adolf Hitler hatte seinen Gefolgsleuten gegenüber keine Zweifel gelassen, was er unter der »Endlösung« verstand. Schon im Jahre 1922, also lange, bevor er an die Macht kam, soll er sich in einem Gespräch mit einem Journalisten folgendermaßen geäußert haben: *»Wenn ich einmal wirklich an der Macht bin, dann wird die Vernichtung der Juden meine erste und wichtigste Aufgabe sein. Sobald ich die Macht dazu habe, werde ich zum Beispiel in München auf dem Marienplatz Galgen neben Galgen aufstellen lassen, und zwar so viele, als es der Verkehr zulässt. Dann werden die Juden gehängt, einer wie der andere, und sie bleiben solange hängen, bis sie stinken. So lange bleiben sie hängen, wie es nach den Gesetzen der Hygiene überhaupt möglich ist. Sobald man sie abgeknüpft hat, kommen die Nächsten daran, und das geschieht so lange, bis der letzte Jude in München ausgetilgt ist. Genauso wird in den anderen Städten verfahren, bis Deutschland vom letzten Juden gereinigt ist.«*

Hitlers Drohung wurde zwei Jahrzehnte später umgesetzt. Dies vor allem und an der Spitze von einem Mann, der für viele das darstellte, was man »eine Bestie in Menschengestalt« nennen würde: Heinrich Himmler, Reichsführer der berüchtigten SS (Schutzstaffel), des SD (Sicherheitsdienstes), wie die Mördertruppen bürokratisch verharmlosend genannt wurden, und zugleich Reichsinnenminister.

Himmler hatte eine Machtposition, die nur von der Hitlers übertroffen wurde. Als willfähriger Scherge seines geliebten Führers war Heinrich Himmler einer der Hauptverantwortlichen für den Holocaust. Und er ließ absolut keine Zweifel daran, wie mit den Juden, auf Geheiß seines Führers, verfahren werden sollte. Dies sprach er in einer Rede am 4. und 6. Oktober 1943 in Posen unverblümt aus. Was unter den Nazis längst kein Geheimnis mehr war und womit seine Henkerstruppen der SS schon begonnen hatten, verkündete er, anlässlich jener Rede, seinen Zuhörern: *»Mit der Endlösung meine ich jetzt, die Ausrottung des jüdischen Volkes!«*

*

Unsere und meine Welt waren jedoch immer noch in Ordnung, denn von all diesen Vorgängen wusste ich nichts. Für mich war der Sommer 1941 der eines 15-jährigen Jugendlichen, der gerade versuchte, erwachsen zu werden.

Doch das Unheil begann seinen Lauf zu nehmen, als der ungarische Premierminister László Bárdossy de Bárdos 1941 an die Regierung kam. Dieser ließ am 2. August 1941 im Budapester Parlament Gesetze verabschieden, die sich weitgehend an den »Nürnberger Rassengesetzen« orientierten. Die ersten Opfer dieser Bestimmungen waren, wie schon berichtet, die Juden mit fremder Staatsangehörigkeit, die nun für heimatlos erklärt wurden – dazu zählten auch wir. Noch im selben Monat, im August 1941, wurden 16000–18000

Juden nach Polen deportiert, die meisten ursprünglich aus Ruthenien (der Karpatenukraine), das zwei Jahre zuvor von den ungarischen Truppen erobert worden war.

*

Eines Morgens standen sie vor unserer Türe. Völlig unerwartet und aus heiterem Himmel, wie es uns schien, herrschte man uns an, in aller Eile ein paar Habseligkeiten zu packen und mitzukommen. Zusammen mit einigen weiteren Familien aus Nyírbátor internierte man uns erst einmal in den zu Haftzellen umfunktionierten Kellern des Rathauses, wo wir zehn Tage gefangen gehalten wurden.

Das Ganze war für uns wie ein Albtraum.

Plötzlich waren wir Gefangene in dem Ort, an dem wir bis dahin gelebt hatten und der für uns unser Zuhause war. Vielleicht war es dieser Schock, den ich bis heute nicht so recht bewältigt habe, weshalb ich mich an jene zehn Tage, und auch an die folgenden Geschehnisse danach, kaum noch erinnern kann.

Jedenfalls wurden wir, nachdem man uns in den Kellern des Rathauses gefangen gehalten hatte und ohne dass irgendjemand uns erklärt hätte, warum dies so war, wiederum eines Morgens von ungarischen Gendarmen abgeholt und zum Bahnhof gebracht und – in Viehwagen verladen!

Ich weiß nicht mehr, wie lange diese Zugfahrt in den Viehwaggons genau dauerte – alles war so surreal, dass ich auch diese Zugfahrt, wie die Zeit im Rathauskeller, bis zum heutigen Tag wie einen schlechten Traum lückenhaft und fragmentiert in Erinnerung habe. Nur wenige Dinge sind mir in meiner Erinnerung erhalten geblieben: Die Gendarmen pferchten fünfundachtzig bis einhundert Personen in jeden Waggon! Männer, Frauen, Kinder und Babys. Auch Alte und Behinderte.

»Rein mit euch!«, schrien die Wachen. »Bewegt euch! Schneller. In die Waggons! Keine Fragen, keine Fragen.« Hie und da setzte es Stockhiebe.

Die Waggons füllten sich schnell. Die, die zuerst eingestiegen waren, setzten sich an den Wänden entlang. Andere hockten sich mit angezogenen Beinen in die Mitte. Kinder wurden auf dem Schoß gehalten. Die Türen schlossen sich krachend und tauchten den Waggon in ein gespenstisches Zwielicht. Ich schaute angstvoll auf meine Mutter. Sie hielt das Baby und gleichzeitig versuchten ihre Arme, uns irgendwie zu umfassen, zu schützen. Ob sie genauso große Angst hatte wie ich selbst, vermag ich nicht zu sagen, denn ihr Ausdruck war so ruhig wie immer schon und ihre Lippen lächelten – als ob sie uns wortlos sagen wollte: »Alles wird gut, Kinder … alles wird gut werden.«

Der Satz der Rabbis, den ich schon Hunderte Male zuvor gehört hatte, »Gott begleitet sein Volk in die Gefangenschaft«, spendete mir keinen Trost, denn ich spürte Gott nicht in diesem Viehwaggon.

Der Zug setzte sich langsam in Bewegung und der Fahrtwind blies sanft durch die Ritzen herein. Obschon ich nicht wusste, was mit uns geschehen würde, kroch in mir, erst dumpf und kaum wahrnehmbar, eine unheimliche Furcht herauf, und bald schon zitterte ich am ganzen Körper, und der einzige Gedanke, zu dem ich fähig schien, war: »Oh Gott, ich will nicht sterben!«

Die Stahlräder des Zugs kreischten wie ein verwundetes Tier, als dieser immer schneller wurde und von der stampfenden Dampflokomotive über die Schienenstränge in Richtung Polen gezerrt wurde. Irgendwann schlief ich ein.

Ich weiß nicht, wie lange ich geschlafen hatte, aber plötzlich wachte ich auf, obschon nicht viel Zeit verstrichen sein konnte, denn es war immer noch stockdunkel im Waggon und fast alle schienen noch zu schlafen, da keine Stimmen zu hören waren, sondern nur dann und wann ein leises Kinderjammern, vermischt mit knarrenden Bohlen, wenn sich einer unruhig im Schlaf drehte.

Da! Schon wieder spürte ich eine Bewegung neben mir in der Dunkelheit. Ich konnte kaum etwas sehen. Der Atem und das leise Jammern und Stöhnen dutzender Menschen drangen dumpf an meine Ohren wie durch eine dicke Watteschicht. Ich drehte meinen Kopf nach links – Mutter und die Geschwister schliefen neben mir, eng aneinander gekuschelt wie junge Vögel in ihrem Nest. Dann drehte ich meinen Kopf nach rechts – wieder spürte ich eine sanfte Berührung an meiner Schulter, und erst jetzt drang dieser Duft in meine Nase: Ich glaubte, meinem Geruchssinn nicht trauen zu können, aber in diesem inzwischen so entsetzlich riechenden Viehwaggon, in dem es durch die Ausdünstungen dutzender Menschen so erbärmlich stank, dass einem fast schlecht wurde, roch ich plötzlich einen Duft, der wie ein frischer Frühlingstag meiner Nase schmeichelte. Ich dachte, ich würde träumen, schloss meine Augen, da ich kaum etwas sah – und schnupperte erneut.

Nein, das war keine Einbildung, ganz nah bei mir, oder besser gesagt, neben mir, schien etwas zu sein, das so unglaublich duftend wie eine frisch gemähte Wiese an einem sonnigen Frühlingstag roch.

Ein winziger Lichtstrahl tastete zwischen den Ritzen der Waggonwände in die Finsternis und bewegte sich ganz langsam, wie wenn er nicht recht wüsste, was er hier drin verloren habe, durch die Dunkelheit auf mich zu. ›Der Vollmond scheint wohl draußen kurz durch die aufgerissene Wolkendecke und schickt seinen Schein in Form dieses Strahls in unser finsteres Gefängnis‹, schoss es mir durch den Kopf, währenddessen der Lichtfinger langsam über die schlafenden Menschenleiber am Boden in meine Richtung wanderte. Surreal erschien mir diese Situation, und unvermittelt war der Lichtstrahl auch schon bei mir, beleuchtete kurz meine Beine, um dann langsam über meine Füße gleitend meine Waden und Oberschenkel hoch immer weiter aufwärts zu wandern, einen Moment innehaltend, ganz so, als sei er sich unsicher, ob er nach links oder rechts weiterziehen sollte, um sich dann doch für die linke Seite zu entscheiden. Und als der Lichtstrahl etwas zögerlich, wie es schien, seinen Schein auf *das*, was neben mir war, warf – sah ich *sie*.

Einen winzigen Augenblick bloß beleuchtete der Strahl das Gesicht des Mädchens, das ganz nahe neben mir, Schulter an Schulter quasi, wohl schon eine ganze Weile gesessen hatte.

Ich vergaß einen Augenblick das Atmen und mein Herz schien ein oder zwei Augenblicke oder gar länger auszusetzen … so schön war das Antlitz des Mädchens. In jenem kurzen Augenblick erschien mir ihr Gesicht dem einer kindlichen Heiligenfigur gleich zu sein, wie man sie im Louvre auf den Gemälden alter Meister bewundern kann; lockiges, schulterlanges Haar, das ein mädchenhaftes Gesicht umrahmte, eine gerade, schmale Nase, hohe Wangenknochen und volle, fast purpurfarbene Lippen und mandelförmige, grünblaue Augen. Sie schien direkt vom Himmel gefallen zu sein. Ein Engel – ja, sie war so schön, dass ich im ersten Moment überzeugt war, Gott hätte mir einen Engel in die Finsternis dieses Viehwaggons geschickt. Und im selben Moment, in dem ich für eine Sekunde bloß ihr Gesicht erblickte, wurde mir schlagartig bewusst, dass *sie* es sein musste, die diesem unglaublichen Duft verströmte.

Der Lichtstrahl erlosch so abrupt, wie er in den Wagen gekommen war. Die Wolkendecke hatte sich wieder geschlossen und der Vollmond überließ uns unserem Schicksal – wohl weil er eh nichts dagegen unternehmen konnte. Wir sprachen kein Wort, aber ich fühlte, wie das unbekannte Mädchen – ich hatte sie nie zuvor in meinem Leben gesehen – etwas näher an mich in der Dunkelheit heranrückte und wir, uns so gegenseitig wärmend, wieder einschliefen.

Irgendwann kamen wir an. In einer Kleinstadt namens Havasalja an der polnischen Grenze. Erst sehr viel später erfuhr ich, dass dieser Ort eines der »Tore zur Hölle« war – wie mir ein Überlebender viele Jahre später sagte –, denn über dieses Städtchen gelangten unzählige Deportierte nach Polen in die Vernichtungslager, wo der Tod auf sie wartete. Der ganze Bahnhof war mit Hakenkreuzen dekoriert. Man sah unter den deutschen Soldaten unverhüllte Freude und Begeisterung. Aus den Lautsprechern ertönten Märsche und gekreischte Reden. Was ich erst viel später erfuhr: Nazi-Deutschland war auf dem Höhepunkt seiner Macht angelangt. Zuvor hatte Hitler im Reichstag in einer Rede verkündet, dass der nationalsozialistische Staat »das kommende Jahrtausend überdauern wird«.

*

Und Hitler schien Recht zu behalten, denn seit dem Angriff auf Polen am 1. September 1939 waren die Nazis von Sieg zu Sieg geeilt. Im April 1940 wurden Dänemark und Norwegen, zwei neutrale Länder, von Deutschland angegriffen und besetzt. Im Laufe des kurzen Feldzuges erwiesen sich die anglofranzösischen Kräfte als schlecht vorbereitet, ausgerüstet und geführt. Hier deutete sich bereits das Desaster an, das kurz darauf in Frankreich folgen sollte.

Traditionell besaß Frankreich eine der stärksten Armeen der Welt, doch ab dem 10. Mai 1940 überrollten neue deutsche Angriffsverfahren die französischen Kräfte ebenso wie die britischen, holländischen und belgischen. Die aus der Luft unterstützten schnellen deutschen Panzerverbände waren nicht aufzuhalten. Die deutsche Offensive begann am 10. Mai mit der Einnahme strategischer Punkte in Holland durch deutsche Fallschirmjäger und Luftlandeeinheiten. Am 14. Mai bombardierte die Luftwaffe Rotterdam, am nächsten Tag kapitulierten die Niederlande. Und schon am 14. Juni war Frankreich besiegt, und viele Pariser flohen vor den Deutschen, die an diesem Tag in die Hauptstadt einrückten.

Hitler frohlockte, und sein Reichsmarschall, Hermann Göring, war sich sicher, Großbritannien ließe sich alleine aus der Luft bezwingen. Dafür standen ihm rund 2000 einsatzfähige Maschinen in drei Luftflotten zur Verfügung.

Doch die Nazis hatten sich das erste Mal verschätzt, denn von Juli bis November 1940 verlor die Luftwaffe über 1500 Flugzeuge, die RAF dagegen nur 925. Großbritannien überlebte und kämpfte weiter.

Im April 1941 eroberten Hitlers Truppen auch Jugoslawien und Griechenland. Und einige Wochen bevor wir das erste Mal deportiert und in die unsäglichen

Viehwagen gepfercht wurden, am 22. Juni 1941, hatte Hitler die Operation »Barbarossa« gestartet – den Angriff auf Sowjetrussland also.

Dies geschah für die Sowjets völlig überraschend, waren sie doch bis zu diesem Zeitpunkt davon ausgegangen, die Deutschen seien ihre Verbündeten. Doch weit gefehlt: In den frühen Morgenstunden des 22. Juni 1941 standen über drei Millionen deutsche, ungarische und rumänische Soldaten zum Angriff auf die Sowjetunion bereit, dazu 3350 Panzer und 2270 Flugzeuge: die größte Streitmacht aller Zeiten. Die Heeresgruppe Nord begann einen unaufhaltsamen Vorstoß in Richtung Leningrad. Die Heeresgruppe Süd kam gegen heftigen sowjetischen Widerstand langsamer voran. Parallel zu den Kämpfen um Kiew bauten die Sowjets vor Leningrad verzweifelt eine Verteidigung auf. Ohne die an anderer Stelle eingesetzten Verbände wurde aus dem deutschen Vormarsch ein Kriechen. Statt seine Panzer und Infanteristen in blutige Häuserkämpfe zu verwickeln, wollte Hitler die Stadt aushungern. Die Belagerung dauerte schließlich 900 Tage. Dann befahl Hitler der Heeresgruppe Mitte, ihren Marsch nach Moskau mit dem Unternehmen »Taifun« fortzusetzen. Trotz der Verzögerungen durch die Kämpfe um Kiew schien der Weg immer noch frei. Stalin rief seinen fähigsten General, Marschall Schukow, aus Leningrad zur Verteidigung Moskaus ab. Dennoch trennten die Deutschen am 13. Oktober nur noch 150 km von der Hauptstadt. Doch die beginnende »Rasputiza«, sintflutartiger Herbstregen, verwandelte die Straßen in Schlammwüsten und verlangsamte den Vormarsch der Deutschen drastisch.

Hitler hatte die Sowjetunion schon besiegt gesehen, jedoch den Widerstand unterschätzt. Als der Vormarsch auf Moskau schließlich im Frost erstarrte, verlegten die Sowjets Reserven aus dem Fernen Osten und Sibirien zum Gegenangriff. Der Krieg an der Ostfront war alles andere als schon vorbei.

Dennoch war es kein Wunder, dass sich die Deutschen in einem Siegestaumel, in einer Kriegseuphorie befanden, die das weltweite Gemetzel, das folgen sollte, erst richtig anheizte.

*

Von diesen Geschehnissen in der Welt wusste ich zu jenem Zeitpunkt immer noch fast nichts. Alles schien sich so fern von uns abzuspielen und dennoch … Als wir völlig überraschend aus unserem Zuhause weggerissen und in diese Waggons gesteckt wurden – in jenem Augenblick begann sich ein mulmiges Gefühl, eine Art bedrohlicher Vorahnung in mir auszubreiten, die ich jedoch für mich behielt. Ich wollte Mutter und meine kleineren Geschwister nicht beunruhigen, und tief in meinem Inneren hoffte ich immer noch, dass alles bloß ein riesiges Missverständnis sei und wir bald freikommen würden.

Nach der schrecklichen Zugfahrt in den Viehwagen waren wir mit ein paar Hundert anderen Menschen in einem ehemaligen Sägewerk untergebracht worden. Wir lagen auf dem Betonboden, in den noch Schienenstränge eingelassen waren, mussten uns abpolstern, um sie nicht zu spüren. Die örtlichen Bauern verkauften uns Nahrungsmittel, und gelegentlich fanden wir »Butterpakete«, wie sie es nannten. Es waren Kugeln aus Lumpen, die mit Butter bestrichen waren! Als wir in Havasalja eintrafen, hatte man die Grenze geschlossen und ließ keine Vertriebenen mehr durch. Warum dies so war, kann ich auch nicht sagen, denn Polen war zu jenem Zeitpunkt schon von den Deutschen besetzt und diese drängten die Ungarn, alle Juden auszuliefern. Vielleicht hatten wir also nur Glück, dass man uns an jenem Tag nicht die Grenze passieren ließ. Die Ungarn hielten uns in dem provisorischen Lager fest, wohl in der Hoffnung, die Grenze würde bald wieder geöffnet und sie würden uns auf diese Art schnell wieder los.

Doch dann geschah ein Wunder! Mein Vater, der ja, wie gesagt, dem Arbeitsdienst des ungarischen Militärs angehörte, tauchte völlig unerwartet in Begleitung eines ungarischen Soldaten im Sägewerk auf.

Wie ich erst später erfuhr, hatte es Vater irgendwie geschafft, den Feldwebel, der ihn begleitete, zu bestechen. Wohl mit dem Geld und den wertvollen Uhren, die Vater heimlich versteckt gehalten hatte.

Doch das war nicht alles, nein: Der Feldwebel trug nämlich Vaters Kleidung und im Gegenzug trug Vater die Uniform des Feldwebels! Die Gendarmen im

Sägewerk nahmen somit an, mein Vater selbst sei ein Feldwebel der ungarischen Armee! So unglaublich diese Episode auch klingen mag – genau so hat es sich zugetragen. Und mehr noch: Vater erreichte noch am selben Tag unsere Freilassung.

Zunächst wollten wir aus Furcht, erneut verhaftet zu werden, nicht zurück nach Hause, und so reisten wir alle nach Majdan in die Karpato-Ukraine – in der Hoffnung, irgendeinen Verwandten zu finden, um dort bleiben zu können.

Aber wir fanden niemanden mehr – man hatte schon alle vorher deportiert. Uns blieb nichts anderes übrig als zurückzugehen – nach Nyírbátor.

Trügerische Heimat

Als wir wieder in Nyírbátor waren, schien merkwürdigerweise zunächst alles seinen normalen Gang zu gehen. Die erste Deportation, die Gefangenschaft im Rathauskeller, die schreckliche Fahrt im Zug – alles schien gar nicht passiert zu sein, denn niemand sprach darüber. Auch wir selbst unter uns taten einfach so, wie wenn das Ganze einfach bloß ein großer Irrtum gewesen sei und nun alles wieder seinem bedächtig geordneten Tagesablauf nachginge. Und das Erstaunlichste daran: Es funktionierte tatsächlich!

Schon nach wenigen Tagen hatten wir uns alle an die alte Routine gewöhnt, und jeder schien komplett vergessen zu haben, was geschehen war. Im Rückblick kann ich auch nicht genau erklären, warum wir alle einfach so taten, als seien wir nie deportiert worden wie Vieh. Wir taten so, als sei alles in Ordnung. Vielleicht dachten wir damals in der Tat, dass alles wirklich ein großes Missverständnis gewesen sei, vielleicht waren wir auch einfach nicht genügend informiert oder zu isoliert in unserer kleinen Stadt weit draußen auf dem Land. Vielleicht jedoch, und das ist die Vermutung, die ich bis heute hege, *wollten* wir einfach nicht wahrhaben, in welcher Gefahr wir schwebten und was noch alles geschehen könnte.

Irgendwie ahnte ich, dass meine Kindheit zu Ende war nach dieser ersten Deportation, aber ich machte es wie alle anderen auch: Ich versuchte mir mit aller Macht einzureden, dass alles gut werden würde. Obschon ich in den ersten Tagen nach unserer Rückkehr furchtbare Albträume hatte und nachts schweißgebadet aufwachte und mir in jenen Augenblicken, zwischen Halbschlaf und Wachzustand, ganz sicher war, dass etwas Furchtbares geschehen würde, beruhigte Mutter mich jeden Morgen mit der ihr eigenen Zuversicht und Sicherheit, die sie ausstrahlte, indem sie sagte: »Mach dir keine Sorgen, mein Sohn, es ist alles in Ordnung.« Dann drehte sie sich zum Herd um, bereitete das Frühstück zu und fügte mit einem unvergleichlichen Lächeln hinzu: »Schau dich doch an, mein Junge: Du bist ein bildhübscher Kerl, nach dem die Mädchen sich verzehren!«

Und Mutters Zuversicht und ihre fortwährenden Beteuerungen, dass alles in Ordnung sei, wirkten Wunder. Langsam aber sicher, mit jedem Tag ein wenig mehr, verschwand dieses Gefühl: dass etwas Schlimmes passieren würde. Und gleichsam wuchs die Hoffnung, es könnte nicht eintreffen.

Schon nach ein paar Tagen, nachdem wir zu Hause waren, begann ich also wieder in der Badeanstalt zu arbeiten, und schon nach ein paar wenigen weiteren Tagen verschwand dieses dumpfe Unbehagen – als wenn es nie da gewesen wäre.

›Mutter hat Recht‹, redete ich mir ein. ›Uns wird nichts geschehen. Hier sind wir in Sicherheit‹, während ich mich auf den Weg zur Arbeit machte und mit aller Macht das dumpfe Gefühl in meinem Bauch zu verdrängen suchte.

Ich war 15 Jahre alt, strotze nur so vor Energie und ein weiterer heißer Sommertag kündigte sich an.

*

Am 7. Dezember 1941 griff die japanische Flotte die Vereinigten Staaten an. Obwohl der Angriff auf Pearl Harbor eine vernichtende Niederlage für die USA war, erreichte dieser, was der englische Premierminister Winston Churchill mit Bitten und Flehen viele Monate lang nicht geschafft hatte: Von den Ereignissen auf Hawaii erschüttert, war die amerikanische Bevölkerung jetzt zur Kriegsteilnahme bereit.

Was vielen anderen demokratischen Staatsmännern in den dreißiger Jahren fehlte, hatte der amerikanische Präsident Franklin Delano Roosevelt umso mehr: Sein untrügliches Gespür war legendär, und so erkannte Roosevelt, welch absolute Bösartigkeit in der Tyrannei Hitlers und der Nazis steckte. Beinahe prophetisch schienen die Worte, die der deutsche Schriftsteller und Nobelpreisträger Thomas Mann, der 1933, wohl aus Furcht vor den Nazis, in die Schweiz emigriert war, im Juni 1935 nach seinem Gespräch mit Roosevelt zu Papier brachte: »Als ich das Weiße Haus verließ, wusste ich, dass Hitler verloren war.«

Für Hitler wurde der Mann, der seit einer Kinderlähmung auf den Rollstuhl angewiesen war, zum Verhängnis. Doch Hitler, der den amerikanischen

Präsidenten abwechselnd als »Kriegstreiber« oder als »Judenknecht« bezeichnete und den er wegen seiner Behinderung verspottete, schien zunächst die militärische und moralische Stärke Amerikas völlig zu unterschätzen.

Dennoch versuchte Hitler einen Krieg mit den USA erst noch zu vermeiden. Der »Führer betrachtet die Haltung des Präsidenten der USA noch immer als schwankend und wünscht unter keinen Umständen, jetzt durch Zwischenfälle den Eintritt der USA in den Krieg herbeizuführen«, ist in einem Protokoll der Kriegsmarine vom Mai 1941 nachzulesen.

Doch als die Japaner Pearl Harbor angriffen, scheint der Führer seine Zurückhaltung aufgegeben zu haben, wie der oberste Propagandaminister des deutschen Reichs, Joseph Goebbels, seinem Tagebuch anvertraut: »Der Führer ist [...] über den Kriegsausbruch entzückt [...]. Er wusste vorher nichts vom Ausbruch der Feindseligkeiten, die ihn völlig überrascht haben und die er zunächst nicht glauben mochte.«

Und so ließ sich Hitler zu einem selbstmörderischen Akt hinreißen und erklärte den USA den Krieg: Am 11. Dezember 1941 übergab der deutsche Außenminister Joachim von Ribbentrop dem amerikanischen Geschäftsträger die Kriegserklärung.

Bis zum heutigen Tag rätseln Historiker über die Frage, was Hitler zu seinem absurden Schritt verleitet haben mag. Vielleicht wollte er unbedingt ein Zeichen setzen und seine Unbesiegbarkeit demonstrieren? Oder war es ganz schlicht ein Akt des Wahnsinns? Für Hitler selbst mochte sein wahrscheinlich größter Fehler eine »Tragödie« gewesen sein, aber für Europa begann, so widersprüchlich dies auch klingen mag, an dem Tag, an dem Hitler den USA den Krieg erklärte, der Weg in die Freiheit.

Doch der Krieg sollte noch weitere vier lange Jahre dauern und Millionen Leben auslöschen.

Im Februar 1943 gewannen die sowjetischen Truppen den Kampf um Stalingrad. Diese Schlacht ging als eine der grausamsten des gesamten Zweiten Weltkrieges in die Geschichtsbücher ein. Etwa zwei Millionen Menschen verloren in dem fast 200-tägigen Gemetzel ihr Leben.

Ins Herz der Finsternis

Bis 1944 war die jüdische Bevölkerung Ungarns – 1941 betrug sie 725000 Menschen – von den schlimmsten Verheerungen des Holocaust verschont geblieben. Viele ungarische Juden konnten einfach nicht glauben, dass das, was den Juden im deutsch-besetzten Europa widerfahren sein sollte, auch mit ihnen geschehen könnte. Aber genau so kam es, denn als deutsche Truppen am 19. März 1944 Ungarn besetzten, um Waffenstillstandsverhandlungen ihrer schwankenden Mitstreiter mit den Alliierten zu verhindern, änderte sich die Lage dramatisch.

Die Jagd auf Juden fand unter der Führung von Adolf Eichmann statt. Eichmann war SS-Obersturmbannführer und leitete die Behörde, die für die Organisation der Vertreibung und Deportation der Juden zuständig war. Er war eine zentrale Figur der Ermordung von schätzungsweise sechs Millionen Menschen.

Innerhalb weniger Wochen, in denen die Zeit bereits gegen die Nazis lief, da sich deren Lage an der Ostfront verschlechterte, wurden alle Juden Ungarns, die Budapester ausgenommen, in Gettos gesperrt. Sie wurden enteignet und die Deportationen begannen. Vom 15. Mai bis zum 9. Juli brachten über 140 Züge 437000 Juden aus Ungarn nach Auschwitz. Der größte Teil dieser Menschen wurde vergast.

Adolf Eichmanns Repräsentanten, Hermann Krumey und Dieter Wisliceny, erschienen im jüdischen Gemeindebüro von Budapest und forderten eine Einberufung der Gemeindeführer. Am 21. März 1944 wurde ein achtköpfiger Gemeinderat unter Vorsitz des Budapester Gemeindepräsidenten Samu Stern gebildet. Am 22. März 1944 folgte die Vereidigung des neuen Regierungschefs Döme Sztójay. Unter seiner Führung erließ der Ministerrat eine Reihe weiterer antijüdischer Gesetze.

Zur selben Zeit richteten sich die Deutschen im Nyírbátorer Bankgebäude ein. Am nächsten Tag gerieten wir in helle Aufregung, da Gendarmen vor der Tür standen, um Mutter ins deutsche Hauptquartier abzuholen. Wir hatten keine Ahnung, warum man sie holte und wann wir sie wiedersehen würden. Wie sich herausstellte, war Mutter die Einzige im Städtchen, die zwischen Deutschen und Ungarn dolmetschen konnte. Gegen Abend kam sie nach Hause und sagte grimmig: »Jetzt habe ich für die Deutschen gedolmetscht. Ich hoffe, ich kann es bald für die Russen tun!«

Wir Juden im Städtchen ahnten noch nicht, was in Budapest vor sich ging.

Am 5. April 1944 traf uns die erste Zwangsverordnung: Jeder Jude musste einen gelben Fleck in Form eines Davidsterns tragen, der in Brusthöhe auf die Kleidung zu nähen war. Ohne diesen Judenstern durfte sich kein Jude auf der Straße blicken lassen.

Dadurch war die Sicherheit der Juden gefährdet und die Verfolgungen und Demütigungen nahmen zu. Draußen herrschte der Pöbel mit Unterstützung der am Ort stationierten Soldaten, und es mehrten sich die Überfälle auf Juden, die aus der Synagoge kamen. Die Polizei ignorierte die Übergriffe. Recht und Gerechtigkeit waren abgeschafft.

Die jungen Juden im Alter von 15 bis 18 Jahren wurden zum Arbeitsdienst einberufen, anstelle des paramilitärischen Dienstes namens »Levente«, für den Juden als »unwürdig« galten. Dabei gab es allerlei Schikanen. Eines Tages erhielten wir Befehl, uns auf dem Rathaushof einzufinden, wo uns Hacken, Schaufeln und Hämmer ausgehändigt wurden. Dann mussten wir in Dreierreihen antreten, die Arbeitsgeräte anstelle von Gewehren geschultert, und zur Erniedrigung vor den örtlichen Nichtjuden durchs Stadtzentrum marschieren. Damit sollte signalisiert werden, dass die Juden fortan zu arbeiten hätten. »Saujuden« und ähnliche Ausdrücke flogen uns an den Kopf. Ich fühlte mich wie ein Zoo-Tier im Käfig, das von den Passanten als exotisches Wesen begafft wird. Andere Juden wagten sich während unseres Marsches nicht auf die Straße.

Die Befehlshaber waren Unteroffiziere, die sich gerade erst freiwillig zu den Pfeilkreuzler-Einheiten (»Nyilaskereszt«) gemeldet hatten – der ungarischen Entsprechung der SS-Einheiten. Sie nannten sich Freiheitskämpfer, waren jedoch nichts anderes als Faschisten und Mörder.

Und ich glaubte das erste Mal, als ich ihn sah, meinen Augen nicht trauen zu können: Da an ihrer Spitze stand kein anderer als mein Klassenlehrer aus der allgemeinen Schule! Ein Mann, der mir Moral gepredigt hatte und nun in Uniform mit Pfeilkreuzler-Binde am Ärmel vor mir stand, grob auftrat und mich nicht mehr zu kennen vorgab.

Unsere Aufgabe bestand darin, die Asphaltdecke des Straßenstücks vom Stadtzentrum zum Bahnhof, etwa einen Kilometer lang, abzuheben, die Fahrbahn mit Steinpflaster zu versehen und mit Sand zu befestigen. Da man mit unserer Leistung nicht zufrieden war, zog man schließlich Facharbeiter bei, um die Arbeit zu vollenden.

Aus mir unbekanntem Grund wurde der Arbeitsdienst eingestellt und man ließ uns in Ruhe – bis zur Deportation. In unserem Städtchen wie in anderen kleinen Ortschaften waren wir ziemlich isoliert und wussten kaum, wie die Dinge liefen und welche Kontakte die Gemeindemitglieder und jüdischen Organisationen in Budapest zu den Deutschen unterhielten. Die Rote Armee stand knapp vor der ungarischen Grenze. Wir hofften auf einen baldigen russischen Einmarsch, ehe die Deutschen uns etwas antäten. Doch die Deutschen ließen sich von der Lage nicht beeinflussen, sondern setzten ihr teuflisches Vernichtungswerk fort, als gäbe es gar keinen Krieg.

Der Pessachabend des Jahres 1944 war der traurigste meines Lebens. Aufgrund von Gerüchten, dass man uns womöglich in ein anderes Land deportieren wollte, war die Atmosphäre äußerst düster. Nach dem Sedermahl gingen wir nicht wie sonst zum Seder des Rabbis. Jeder Jude verrammelte sich in seinem Haus und harrte seines Schicksals.

In den mittleren Feiertagen des einwöchigen Pessachfestes kamen Pfeilkreuzler-Trupps in Zivil mit Armbinde in die Stadt, geführt von einem stämmigen, untersetzten Mann mit einem Schlagstock in der Hand. Nachdem sie sich im Rathaus eingerichtet hatten, forderten sie die jüdischen Gemeindeobersten auf, mit einer Namensliste aller jüdischen Gemeindemitglieder bei ihnen anzutreten. In Wirklichkeit bestand eine solche Liste bereits. Sie war einige Zeit zuvor von städtischen Beamten aufgestellt worden und enthielt auch die Namen von getauften Juden und deren Nachkommen. Mit der Abholung der Juden wurden die berüchtigten Gendarmen beauftragt. Sie suchten die Wohnungen der Juden auf, prüften, ob alle Bewohner anwesend waren, und beorderten sie sofort auf den Synagogenplatz.

Wir erhielten einen Tag Zeit, einige Sachen zu packen, so viel wir in Händen tragen konnten.

Dann mussten wir uns erneut in der Synagoge versammeln. In Eile rafften wir unsere Sachen zusammen. Die Familienfotos versteckte ich bei meinem Großvater auf dem Dachboden. Mutters Brillantring vergrub ich im Boden des Kellers. Als wir später aus den Lagern zurückkehrten, mussten wir feststellen, dass all diese Dinge verschwunden waren. Die Menschen der Stadt hatten sich nach der Verschleppung der Juden sofort über deren Häuser hergemacht und alles geplündert, sogar die Höfe umgegraben und die Fußböden aufgebrochen, um versteckte Gegenstände zu finden.

Kein Jude kam auf die Idee zu fliehen oder unterzutauchen, weil jeder dabei sein Leben riskierte. Die Gojim, die Nichtjuden, zögerten nicht, ihn zu verraten. Nachdem wir uns am nächsten Tag im Synagogenhof versammelt hatten, wurden wir in das jüdische Gemeindezentrum der Bezirkshauptstadt Nyíregyháza verbracht. Dort hatte man die Juden aus 61 Ortschaften der Umgebung konzentriert, insgesamt 17580 Menschen, einschließlich der 5000 Personen von Nyíregyháza selbst.

Nach einigen Tagen wurden wir auf drei Gettos verteilt, die man auf landwirtschaftlichen Gütern mit eilig erstellten Notunterkünften eingerichtet hatte.

Wir kamen auf ein Gut namens Simapuszta, das mit Stacheldraht eingezäunt war. Untergebracht wurden wir in der Tenne und den Rinder- sowie Pferdeställen. Das Getto wurde von Gendarmen bewacht. Kein Mensch ging ein oder aus. Wir waren von jeglicher Verbindung zur Außenwelt abgeschnitten. Zum Glück war es warm und das schöne Wetter erleichterte uns das Leben. Tag für Tag liefen wir tatenlos in der Gegend umher. Es gab sogar ein Familienereignis: Mein Bruder Bernhard, den wir alle immer nur Ber nannten, hatte das Bar-Mizwa-Alter erreicht. Aber kein Mensch achtete darauf.

Bartträger rasierten sich, um unnötige Belästigungen zu vermeiden, da der Bart für die Judenhasser den »hässlichen Juden« symbolisierte. Auf diese Weise traten bartlose Gemeindeführer im Gewand von Gojim auf, sodass ich sie kaum mehr erkannte. Das galt auch für Rabbi Aaron Teitelbaum, der sich einen dicken Schnurrbart stehen ließ und eine bäuerliche Pelzmütze auf dem Kopf trug.

Am 25. Mai 1944, ich war siebzehn Jahre alt, erging Anweisung, unsere Sachen zu packen, und gleich darauf erfolgte der Abmarsch zur provisorischen Bahnstation. Ich hatte schon die »Erfahrung« mit der Deportation von 1941, kannte die Angst und Qualen, in einem Güterwagen oder, genauer gesagt, in einem Viehwaggon transportiert zu werden, ohne dass man wusste, wohin die Reise geht. Doch diesmal war ich drei Jahre älter und hatte Menschen um mich, mit denen ich aufgewachsen und tagtäglich zusammen gewesen war. Das machte alles schwerer erträglich. Andererseits tröstete ich mich damit, dass wir auch jetzt wieder irgendwie davonkommen würden – wie beim ersten Mal. Auch die Nähe der Roten Armee gab diesen falschen Hoffnungen und Illusionen weitere Nahrung. Selbst die Klügsten und Gebildetsten unter uns hatten keine Vorstellung von dem, was uns bevorstand. Die allgemeine, auch von den Bewachern bestätigte Meinung ging dahin, dass man uns in ein Arbeitslager verbringe, in dem wir bis zum Ende des Krieges bleiben müssten.

Geleitet wurde das ganze Unternehmen von Ungarn und vor allem von Gendarmen. Ich sah die mir bereits bekannten Viehwaggons. Die Türen standen offen, doch die vergitterten Lüftungsluken waren diesmal abgedeckt worden, um uns die Aussicht auf die Strecke zu versperren. In jeden Waggon pferchte man 70–80 Menschen. Erst versuchten wir uns so zu ordnen, dass Alte und Kinder liegen konnten, während die Jüngeren abwechselnd versuchten, durch die schmalen Ritzen zwischen den Bohlen zu spähen, um möglichst Informationen über die Fahrtstrecke zu sammeln. Doch auch dies gelang kaum, denn der Waggon war so randvoll gestopft mit Menschen, dass man kaum atmen konnte.

Jeder Transport umfasste 3000–3500 Menschen, und jeden Tag fuhren aus unserer Gegend vier Züge nach Auschwitz ab. In jeden Waggon kamen zwei Eimer, einer mit Trinkwasser, der andere für die Notdurft.

Unter Lärm und Geschrei von allen Seiten wurden die Schiebetüren zugeknallt und verriegelt. Ich hatte das Gefühl, einen Schlag mit einem Holzhammer auf den Kopf bekommen zu haben: Plötzlich war es pechschwarz um mich herum. Es dauerte eine Weile, bis man sich an das Schummerlicht im Waggon gewöhnte. Die Kinder begannen, vor lauter Angst zu weinen.

Als sich der Zug ruckend in Bewegung setzte und das ferne Pfeifen der Lok gedämpft ins Innere des Waggons drang, erfasste mich eine dunkle Vorahnung, etwas, das ich zunächst weder fassen noch richtig benennen konnte und das dennoch, erst ganz langsam und dann immer schneller, meinen Rücken hochkroch, eine zunächst dumpfe Furcht, die sich zur Gewissheit verdichtete, als sie meine Kehle erreicht hatte und diese dermaßen zuschnürte, dass ich keine Luft mehr bekam und nur noch ein einziger Gedanke in meinem Kopf Platz zu haben schien: ›Wir sind in eine Hölle eingetreten!‹

Die Bedingungen im Waggon waren unmenschlich. Wir waren dicht zusammengedrängt. Es gab kaum Platz zum Sitzen oder zum Hinlegen. Körper drängte sich an Körper; wir konnten uns kaum bewegen, das war schrecklich. Und es gab nicht genügend Lebensmittel und praktisch kein Wasser. Schon nach ein paar Stunden sehnten wir uns förmlich danach, irgendwo anzukommen – und sei es in der Hölle selbst.

Bald schon begann uns der Durst zu quälen. Wie viele Stunden oder gar Tage vergangen waren, konnte ich nicht sagen, aber je länger die Fahrt dauerte, desto unerträglicher wurde die Hitze. Die Luft war so schlecht, dass man glaubte zu ersticken. Der Durst quälte immer mehr. Die Lider wurden schwer wie Blei. Es begann zu stinken – nach Erbrochenem und nach Fäkalien, denn bei manchen begann der Körper, den Gehorsam zu verweigern, und die Enge und die immer größer werdende Furcht bewirkten den Rest.

Der Gestank wurde von Minute zu Minute unerträglicher.

Ich versuchte mit aller Macht, meine aufkeimende Panik zu unterdrücken, versuchte mich abzulenken, indem ich mich auf meine Zehenspitzen stellte, um einen Blick nach draußen zu erhaschen. Die im Feld arbeitenden Bauern grüßten uns und winkten uns fröhlich zu. Ich weiß bis heute nicht, ob unser Zug von außen einfach nur unschuldig aussah oder ob uns die Bauern auf den Feldern verhöhnten. Die Fahrt war ein furchtbares Erlebnis.

Wie ich später erfahren habe, starben Tausende Menschen auf dem Weg, andere verloren den Verstand. Mehr als einmal führten Eltern und Kinder einen tödlichen Kampf um einen Kanten Brot oder einen Schluck Wasser. Überlebende, die ich Jahre später traf, schilderten mir Szenen, die sich auf diesen Fahrten abgespielt hatten, die so unvorstellbar sind, dass ich an dieser Stelle auf eine detailliertere Schilderung verzichten möchte. Im Nachhinein habe ich noch einiges mehr über diese »Transporte« erfahren. Gelegentlich fand eine Vorselektion statt, bei der Alte und Kinder in getrennte Waggons kamen. Die Deutschen beabsichtigten, uns zu zermürben, damit wir schon stark geschwächt in Auschwitz ankämen. Sie fürchteten Übergriffe von Partisanen, die außerhalb Ungarns bereits mancherorts aktiv waren. Deshalb hatten sie es eilig und bemühten sich, jeden Transport innerhalb von drei Tagen nach Auschwitz zu bringen.

In teuflischer Logik kümmerten sie sich auch um Öffentlichkeitsarbeit und wollten nach außen hin ein gewisses Maß an Menschlichkeit zeigen, wobei sie nicht zögerten, sogar ihren treuen ungarischen

Bündnispartner hinters Licht zu führen. Zum Beweis filmten die Deutschen eine Szene, bei der ungarische Gendarmen die Juden grob in die Waggons prügelten. Als der Transport dann im slowakischen Košice ankam, wo deutsche Bewacher die ungarischen Begleiter ablösten, wurde weitergefilmt, wie die Deutschen die Juden anlächelten und freundlich behandelten. Dieser Film wurde dann Vertretern des Roten Kreuzes vorgeführt, in der Absicht, die Ungarn anzuschwärzen.

Trotz der deutschen Anstrengungen, uns die Fahrtrichtung zu verbergen, konnten wir einzelne Ortschaften erkennen und daraus schließen, dass wir in Polen angekommen waren. Aber von dem genauen Ziel der Fahrt ahnten wir nichts. Unterwegs verstarben einige kranke, alte Menschen, die den Strapazen der Fahrt nicht gewachsen waren.

Das Tor zur Hölle

»*Arbeit macht frei*« stand über dem Lagertor. Unser Zug hielt an der berüchtigten Rampe in Auschwitz-Birkenau. Sofort wurden die Türen aufgerissen, und unter schrillen »Raus! Raus!«-Rufen stießen und schlugen die Wärter die Neuankömmlinge, um sie zu hastigem Aussteigen zu bewegen.

Plötzlich spürte ich Mutters Hand auf meiner Schulter. Dann drückte sie mich ganz fest an sich, während sie sanft über mein Haar strich. Ihre Lippen waren ganz nahe an meinem Ohr, als sie mir zuflüsterte: »Hab keine Angst, mein geliebter Sohn. Was immer auch geschehen mag: Bleib stark und bleib dir treu!«

»Raus, ihr Schweine!«, schrie von draußen eine Stimme. Da meine Muttersprache Jiddisch war, konnte ich das, was uns entgegengeschrien wurde, ziemlich gut verstehen. Unablässiges Hundegebell begleitete das Gebrüll der SS-Männer – ein unglaublicher, infernalischer Klangteppich, der uns in Empfang nahm. Die Menschenmassen drängten uns aus dem Waggon.

Aber Mutter hielt mich immer noch fest umarmt, küsste mich hastig auf die Stirn und sagte: »Sei stark und lass keinen Hass in dein Herz ... Liebe ist stärker als Hass, mein Sohn ... vergiss das nie!«

Dann ging ein Ruck durch die Menge und draußen nahm uns die Hölle in Empfang. Als ich aus dem Zug

taumelte, konnte ich kaum sehen, so blendete mich das Tageslicht. Eine Kapelle mit Musikern in Häftlingskleidung spielte Musik! Die ganze Szenerie hatte so etwas Unwirkliches wie ein schrecklicher Albtraum, aus dem man nicht aufwachen kann.

Es war ein riesiges Durcheinander auf dem Bahnsteig: das Bellen der Hunde, das Geschrei der SS-Männer, die unzähligen Wachen, die uns in Schach hielten, dann und wann auf einen der Neuankömmlinge einprügelten, weil es nicht schnell genug zu gehen schien. Häftlinge in gestreiften Anzügen, die aussahen wie Pyjamas, halfen den Alten und Behinderten beim Aussteigen.

Wir mussten fast alle persönlichen Habseligkeiten zurücklassen. Wohl um uns zu beruhigen, sagte man uns, wir bekämen die Sachen später ausgehändigt.

Was ich jedoch bis zum heutigen Tag nicht verstehe: Wir alle, all die Opferlämmer, die man hierher gebracht hatte, schwiegen und gehorchten! Keiner wehrte sich, keiner muckste auch nur auf – auch ich nicht. Und auch die Häftlinge, die den SS-Männern helfen mussten, die Neuen in Empfang zu nehmen, warnten uns mit keinem Wort.

Warum machten sie uns nicht die kleinste Andeutung? Warum ließen wir uns alle so wehrlos zur Schlachtbank führen? War es einfach nur Angst? War es unsere falsche Hoffnung, man würde uns nur einsperren? War es schlichtweg die Unvorstellbarkeit dessen, was die Nazis mit uns anstellen würden?

Bis zum heutigen Tag habe ich nie eine Antwort auf diese Fragen gefunden – und niemand konnte mir je eine Antwort geben, die mich zufriedengestellt hätte.

»Nicht stehen bleiben! Vorwärts! Schneller!«, schrie mich eine Stimme von hinten an. Ich drehte mich erschrocken um, suchte meine Familie, die ich einen Moment lang aus den Augen verloren hatte, in dem Durcheinander … und irgendwie blieb mein Blick an einem alten Mann hängen, der soeben aus dem Waggon kletterte. Er folgte nicht den Anweisungen der Deutschen, sondern drückte arglos die Samthülle mit Gebetsmantel und Gebetsriemen an die Brust. Ein SS-Wachmann bemerkte ihn, rannte los, riss ihm die Samttasche aus den Händen und schleuderte sie wütend zwischen die Räder des Zuges. Dann schlug der SS-Mann den Schaft seiner Maschinenpistole mit voller Wucht in die Rippen des alten Mannes und schrie: »Lauf schon, du Drecksack! Deinen Gottesmist wirst du nicht mehr benötigen!«

Ich beobachtete diesen Frevel an dem alten Juden und an den geheiligten Gegenständen und harrte einer Antwort des Himmels. Nach meiner damaligen Sicht hätte der SS-Mann auf der Stelle zusammenbrechen müssen.

Doch nichts geschah.

In diesem Augenblick begann ich an allem, was man mir über Religion beigebracht hatte, zu zweifeln.

Plötzlich bemerkte ich, dass Vater neben mir stand. Auch er musste die Szene mit dem alten Mann mitbekommen haben. Ich drehte meinen Kopf zu meinem Vater und sagte mit unüberhörbarer Enttäuschung und gleichsam Wut in meiner Stimme: »Vater! Es gibt keinen Gott.«

Ich weiß noch, wie mein Vater, ohne mich anzuschauen, seine Lippen zusammenpresste, mir jedoch eine Antwort schuldig blieb. Wahrscheinlich war er zu der gleichen Schlussfolgerung gekommen wie ich.

Das Gewimmel war unglaublich – ein wahres Menschenmeer. Familien kämpften zäh darum zusammenzubleiben. Hie und da suchten verirrte Kinder bitterlich weinend ihre Eltern, aber kein Mensch beachtete sie in dem Gedränge.

Dann begannen die Deutschen, mittels Geschrei und Hieben, Männer und Frauen zu trennen. Bald schon schoben sich zwei Kolonnen nebeneinander vorwärts.

Man trieb uns wie Vieh zur Selektionsstelle weiter. In kürzester Zeit war es ihnen gelungen, uns in eine dumpfe Viehherde zu verwandeln, die duldsam jedem unverständlichen Schrei gehorchte. Hatte einer die Schreie nicht verstanden, half man seinem Begriffsvermögen mit Schlägen und Stößen nach. Wir trieben mit dem Strom weiter, ohne zu wissen, wohin wir gingen und was man mit uns vorhatte. Als wir uns der Selektionsstelle näherten, merkte ich, dass der Strom sich zweiteilte, erfasste aber noch nicht die Bedeutung dieses Vorgangs. Vor uns standen SS-Offiziere, die die »Selektion« vornahmen – ein Begriff, der nicht nur ins Lexikon der Schoah eingegangen ist, sondern dem, bis zum heutigen Tag, etwas Unheimliches anhaftet.

*

Im Rückblick fällt mir oft ein, wie uns die Lehrer in der Talmud Tora Schule den Zusammenhang von Sünde und Strafe erklärt hatten: Die Bösen und Sünder würden nach dem Tod ihre Strafe erhalten. Im Himmel hinter den Bergen des Dunkels befände sich die Hölle, in deren Feuer die Bösen verbrennen müssten. Hätte ich in jenem Augenblick auf der Selektionsrampe gewusst, was auf uns zukommen würde, dann hätte ich mir schon damals die Frage gestellt, die mich dann mein ganzes weiteres Leben verfolgte: »Bin ich ein Sünder, der bestraft werden muss? Ich weiß nicht, was ich gesündigt habe, Gott. Vielleicht habe ich als Siebzehnjähriger schon so sehr gesündigt, dass ich den Tod verdient habe?«

Ich hätte es wohl auch damals nicht vermocht zu beurteilen, ob ich denn schon ein Sünder sei oder nicht. Und selbst wenn ich ein Sünder gewesen sein sollte, was hatten die Abertausende kleinen Kinder verbrochen, die unschuldig in den Tod geschickt wurden?

Auch auf diese Frage konnte mir, bis zum heutigen Tag, niemand eine befriedigende Antwort geben. Vielleicht auch … weil niemand eine Antwort auf diese Frage weiß?

Schritt um Schritt rückten wir näher zur Selektionsstelle, und je näher wir kamen, desto weicher wurden meine Knie und desto mehr formte sich in meinem Kopf die Frage, die ich mir damals in jenem Augenblick – und später mein ganzes Leben lang – immer und immer wieder gestellt habe: ›*Warum?* Mein Gott, warum tun sie das? Wir haben ihnen doch nicht den Krieg erklärt. Wir haben ihnen doch nichts angetan. Wir wollen doch nur in Frieden leben!‹

Gott jedoch schwieg an jenem Tag.

Die wenigen Habseligkeiten, die wir bis hierher mitgeschleift hatten, blieben im Zug zurück – genauso wie unsere Illusion, dieser Hölle zu entkommen. Alle paar Meter, den ganzen Weg entlang, standen dunkel gekleidete SS-Männer und hielten ihre Waffen drohend auf uns gerichtet. Schulter an Schulter, manche Hand in Hand, andere mit gesenktem Kopf folgten wir den anderen und bewegten uns unwiderruflich weiter auf den Punkt zu, wo, wie mir erst später bewusst wurde, über unser Schicksal entschieden wurde. Wie Schafe, die zur Schlachtbank geführt wurden. Niemand wehrte sich – keiner muckte auf ... Vielleicht, wenn wir geahnt hätten, was auf uns zukommt ... Vielleicht dann ... Wer weiß ...

Ein SS-Unteroffizier, einen Gummiknüppel in der Hand, kam auf uns zu und sagte: »Männer links raus! Frauen rechts raus!«

Seine Worte klangen so ruhig und so gleichgültig und vielleicht gerade deshalb so schrecklich. Sechs knappe, kurze Worte nur. Sechs Worte, die Familien auseinanderrissen. Der Strom der Menschen teilte sich dementsprechend – ganz so, als würde sich ab dem Punkt, an dem der SS-Scherge stand, ein Fluss gabeln.

Jetzt waren wir am Selektionspunkt angekommen.

Später sagte man mir, dass die Selektion auf der Rampe in Auschwitz eine der gründlichsten aller Todeslager der Nazis war. Dies, weil diese immer von einem SS-Arzt vorgenommen wurde. Und in Auschwitz war dafür meist Dr. Mengele zuständig.

Mengele war von Mai 1943 bis Januar 1945 als Lagerarzt im KZ Auschwitz eingesetzt. In dieser Funktion nahm er Selektionen vor, überwachte die Vergasung der Opfer und führte inhumane medizinische Experimente an Häftlingen durch. Er war an Grausamkeit und Menschenverachtung kaum zu überbieten und selbst unter den hartgesottenen SS-Schergen seiner Brutalität wegen gefürchtet. Was Mengele an Menschenversuchen in Auschwitz durchführte, gehört zu den grauenhaftesten Dingen, die Menschen an Menschen je verübt haben.

Die jüdische Folklore kennt den Todesengel als bedrohliche Mordgestalt. Als Kind habe ich mir den Todesengel als Scheusal mit Hörnern und vorstehendem Gebiss vorgestellt. Genauso grässlich und furchterregend wie Aschmedai, der schreckliche König der Dämonen, wie die Legende denselben beschreibt.

Doch Mengele sah aus wie ein gewöhnlicher Mensch. Ja, mehr noch, dieser Mann war gebildet, erschien vornehm und »kultiviert«. Er hatte sehr wahrscheinlich Frau und Kinder, die zu Hause auf ihren Ehemann und Vater warteten, er feierte ganz bestimmt mit seinen Kindern Weihnachten unter einem funkelnden Tannenbaum, er war vielleicht sogar ein fürsorglicher und liebender Ehegatte und … Ganz bestimmt war dieser Mann, wie auch wir, aus Fleisch und Blut. Und dennoch lag es in seiner Macht, über das Schicksal Tausender Menschen zu bestimmen. Ihm hatte man das Recht gegeben, innerhalb einer kurzen Sekunde über Leben und Tod zu entscheiden. Später dachte ich oft, dass *er*, der hier stand, Gott selbst sei – ein boshafter und hasserfüllter Gott allerdings, der die Macht über uns an sich gerissen hatte, um ohne Widerspruch urteilen zu können, wer leben wird und wer sterben soll!

Ich weiß bis heute nicht, ob es wirklich Dr. Mengele war, vor dem ich an jenem Schicksalstag stand. Jedenfalls kann ich nicht behaupten, dass der SS-Arzt in seiner schicken Uniform, mit seinem Monokel im rechten Auge, dem kleinen Stöckchen in der Hand, das aussah wie der Taktstock eines Dirigenten, wirklich furchterregend aussah. Nein, eigentlich nicht, wenn ich es mir im Nachhinein überlege, denn das Stöckchen bewegte sich, harmlos, aber ohne Unterlass, bald nach rechts, bald nach links. So, als wenn dieser Mann nicht eine Bestie war, die über Tausende Leben entschied, sondern ein Dirigent. Doch jetzt, im

Rückblick, weiß ich es besser: Es war, als ob der Teufel persönlich ein Konzert des Todes an jenem unwirklichen Ort dirigieren würde.

»Links« – »Rechts«.

Ich kann mich gar nicht daran erinnern, ob er dies mit Worten sagte oder das Stöckchen für sich selbst sprach. »Links« – »Rechts«, sprach das Stöckchen in seiner Hand. Und niemand wusste in jenem Augenblick, welche Seite die bessere war.

Das Stöckchen zeigte nach links – also schritt Vater nach links. Ich trat einen Schritt vor, der Monokel in dem Gesicht blitze einen kurzen Moment im Sonnenlicht auf, die Lippen des SS-Arztes blieben geschlossen; er schien langsam müde zu sein von seiner »Arbeit«. Ich starrte wie gebannt auf das Stöckchen in seiner Hand – es zeigte immer noch in dieselbe Richtung, und so folgte ich Vater auf die linke Seite.

Nach ein paar Schritten beschlich mich ein merkwürdiges Gefühl. Ich hielt an, drehte meinen Kopf, um nach den übrigen Familienmitgliedern zu schauen, und sah, dass das Stöckchen sie just in jenem Moment in die andere Richtung wies.

Ich wollte zurück zu Mutter und meinen kleinen Geschwistern, doch sie wurden schon von den nachfolgenden Menschen weitergeschoben, ohne dass ich etwas dagegen hätte unternehmen können.

Ich konnte gerade noch einen Blick auf Mutter erhaschen. Ihr Haar leuchtete glänzend in der hellen Sonne. Sie hielt meinen jüngsten Bruder Levy auf den Armen, dessen Gesicht mit seinen großen, erstaunt blickenden Augen ich noch einen winzigen Augenblick lang sehen konnte. Er schien mir zuzuwinken und zu lächeln.

Die übrigen drei Kinder und Großmutter liefen, sich an den Händen haltend, Mutter hinterher. Meine lauten »Mama! Mama!«-Rufe gingen im höllischen Lärm, der um mich herum toste, unter und drangen nicht mehr an ihre Ohren.

Dieses Bild, wie sie dort meiner Sicht entschwanden, hat sich tief in mein Gedächtnis eingeprägt und taucht von Zeit zu Zeit wieder auf. Ich denke, es wird niemals verwischen. Bis heute quält mich die Tatsache, dass ich nicht von ihnen Abschied nehmen konnte. In jenem Augenblick hatte ich keine Ahnung, wohin man sie führte, ich wusste nicht, dass Mutter mir nie wieder liebevoll über meine Haare streicheln würde, ich ahnte nicht, dass ich nie wieder meinen jüngsten Bruder Levy in den Armen halten, nie wieder meinem zweitjüngsten Bruder Itzhak helfen würde, Fahrrad fahren zu lernen, dass mir meine kleine Schwester Leah, die wir alle nur »Lili« nannten, mit ihren wunderschönen Augen nie wieder ein Lächeln schenken könnte, und mir war nicht bewusst, dass ich nie wieder mit meinem fünf Jahre jüngeren Bruder Bernard, den wir nur »Dov« nannten, würde herumtollen können – von diesem unbeschreiblichen Verlust ahnte ich nichts in jenem Augenblick auf der Rampe in Auschwitz, sondern ich tröstete mich in der Annahme, sie bald wiederzusehen.

Dass meine Mutter, meine Geschwister, meine Großmutter und meine Cousins kaum eine Stunde später tot sein würden – nein, das kann ich bis heute noch nicht glauben und fassen.

*

In jenem Augenblick ahnten weder ich noch sonst einer von uns, was genau es bedeutete, »selektiert« und in den Tod geschickt zu werden. Niemand von uns wusste zu der Zeit etwas über die Vorgänge in den Gaskammern.

Vielleicht war das auch besser, denn hätten die Todeskandidaten und, noch schlimmer, die »Nicht-Selektierten« gewusst, was auf sie zukommen würde … Es ist nicht auszudenken, was dann geschehen wäre.

Jahre später, ich tat Dienst in der israelischen Armee, hörte ich unbeabsichtigt einem Gespräch zu, das zwei noch relativ junge Soldaten, die ich jedoch nicht sonderlich gut kannte, führten.

Es war Nacht und ich konnte nicht schlafen, war nach draußen gegangen, um eine Zigarette zu rauchen – eine fürchterliche Gewohnheit, der ich zum Glück einige Jahre später für immer entsagen konnte. Wie gesagt, ich stand fast unsichtbar in der sternenlosen Nacht, weil um die Ecke an der Barackenwand angelehnt, und wollte mir soeben meine Zigarette anstecken, da traten zwei meiner Kameraden auch ins

Freie, um wohl derselben Sucht wie ich zu frönen. Im gleichen Augenblick, in dem ich um die Ecke der Baracke in den fahlen Lichtkegel der Lampe, die über der Tür angebracht war, zu den beiden treten wollte, um unsere Zigaretten gemeinsam zu genießen, sagte der eine: »Weißt du noch? Wir waren damals wie Roboter.«

»Wie könnte ich das je vergessen. Wir haben schreckliche Dinge getan!«

Ich stutzte. Mein rechter Fuß verharrte in der Luft, ohne dass ich mich aus dem Schatten und um die Ecke bewegte. Die beiden schienen etwas sehr Persönliches zu besprechen.

»Ich konnte keine Gefühle mehr in mir zulassen. Alles war tot in mir. Sie hatten uns ja dazu gezwungen.«

»Schon … Aber vielleicht hätten wir uns weigern sollen, denn …«

»Um eine Minute später selbst in der Gaskammer zu landen?!«, fiel ihm der andere aufgebracht ins Wort.

»Ja, du hast recht.«

Eine Weile herrschte Stille. Irgendwie hatte ich das Gefühl, dass die beiden dieses Gespräch nicht zum ersten Mal führten. Dass sie über den Holocaust sprachen, war mir sofort klar. Dass die beiden wahrscheinlich selbst in einem KZ gewesen waren, auch – aber dennoch konnte ich in jenem Augenblick noch nicht genau zuordnen, über welche schrecklichen Dinge, die sie getan hatten, sie sprachen.

Plötzlich sagte der eine: »Die Gaskammer Nummer zwei war unterirdisch. Graue Wände, grauer Boden und die Wände aus Beton.«

»Ich kann mich noch gut erinnern«, antwortete der andere kaum hörbar.

»Weit über zweitausend Menschen haben die da reingetrieben. Wie Vieh … nein, viel schlimmer noch … Kein Tier verdient solch einen grausamen Tod.«

»Hör doch auf, dich selbst zu quälen!«, versuchte der andere das Gespräch in neue Bahnen zu leiten, aber den Ersten schienen seine Erinnerungen an jenem Abend zu sehr zu bedrücken, sodass er weitersprach.

»Oben waren Duschköpfe an der Decke, einer neben dem anderen. Die gesamte Decke war voll von diesen Duschköpfen. Aber aus diesen Duschköpfen floss nie auch nur ein einziger Tropfen Wasser … sondern strömte Gas!«

»Sei endlich still! Das alles weiß ich genauso gut wie du auch!«

»Ich kann die Schreie bis heute noch hören.« Die Verzweiflung in seiner Stimme war unüberhörbar, als er weitersprach. »Alle schrien in der Gaskammer, denn sie waren völlig verzweifelt und riefen um Hilfe. Das war ein Leiden von drei, vielleicht vier Minuten. Herrgott, das muss für die, die da drin waren, eine Ewigkeit gewesen sein. Wie das Gas langsam einströmte und die Lungen der Menschen dort drin verätzte. Es muss dort drinnen wie in der Hölle gewesen sein – oder noch schlimmer. Wenn wir danach die Tür der Gaskammer öffneten, sahen wir die zu Fratzen verzerrten Gesichter der Menschen. Manchmal hatte sich die gesamte Haut von den Körpern abgeschält wegen der Wirkung des Gases. Und nicht nur das ... «

Mit einem lauten Räuspern war ich um die Ecke getreten.

Das Gespräch verstummte unverzüglich.

Ich grüßte die beiden flüchtig und ging in die Baracke und in mein Bett.

Als ich im Bett lag, konnte ich erst recht nicht mehr einschlafen, denn ich wusste jetzt, wovon die beiden da draußen gesprochen hatten. Sie waren wohl Angehörige der »Sonderkommandos« gewesen: Juden, die man für den grauenhaftesten Teil der Tötungsmaschinerie in den KZs abkommandiert hatte.

Ich werde viele Einzelheiten, die ich in den weiteren Jahren über die Grausamkeiten, die in den KZs begangen wurden, nicht ausführlich berichten. Selbst diese Episode wollte ich zunächst nicht in dieses Buch schreiben. Dennoch denke ich, dass wir es den Millionen Opfern, die dieses grausame Schicksal erlitten haben, schuldig sind, die Dinge zumindest teilweise zu benennen. Auch meiner eigenen Familie und vor allem meiner Mutter bin ich dies schuldig.

Lieber Gott, ist das wirklich wahr? Ist es wahr, dass kleine Kinder in der Gaskammer niedergetrampelt wurden? Ist es wahr, dass die Erwachsenen, die stärker waren, sich wie wild gewordene Tiere nach oben boxten, um dort einen Rest Luft zu kriegen, und dabei auf den Schwächeren und den kleinen Kindern herumtrampelten, nur um ein paar Sekunden länger zu leben? Solche Fragen plagten mich nicht nur in jener Nacht, da ich das Gespräch meiner beider Kameraden zufällig mitbekommen hatte – sondern es sind genau diese Fragen, die mich wohl bis an mein Lebensende unbeantwortet begleiten werden.

Lieber Gott, warum hast du das zugelassen?

Rollentausch

Auf dem Lagergebiet wurde eine zweite Selektion vorgenommen. Man fragte jeden nach seinem Beruf. Ich sagte, ich sei Schlosser, und Vater tat es mir gleich. Man zeigte mir einen Messschieber. Zum Glück hatte ich dieses Gerät bei Schlosser Klein in Nyírbátor benutzt und konnte seine Funktion zur Zufriedenheit der Prüfer vorführen. Hastig erklärte ich Vater das Prinzip. So bestand auch er die Prüfung, und wir blieben zusammen. Um uns jeden Verdacht zu nehmen, führte man uns im Lager an einer Baracke vorbei, in deren Hof scheinbar friedlich lebende Kinder spielten. Auch das war ein Täuschungsmanöver.

Dann erging erneut Befehl, in Dreierreihen Aufstellung zu nehmen, und unter begleitenden Schreien marschierten wir zu der Baracke, die die »Sauna« genannt wurde. In dieser leeren Baracke mussten wir uns im Kreis aufstellen und erhielten energisch Order, die Taschen zu entleeren, jeden Wertgegenstand aus seinem Kleiderversteck zu ziehen, etwa Eingenähtes hervorzuschälen, und alles auf die große Decke zu werfen, die auf dem Boden ausgebreitet lag.

Die Halunken, die uns mit gezückten Waffen umstanden, versetzten uns wie echte Räuber in Angst und Schrecken. Man warnte uns: Wer es wagen sollte, Wertgegenstände zu verbergen oder in Kleidung oder Schuhen eingenäht zu lassen, spiele mit seinem

Leben. Schweren Herzens holte ich die eingenähten Geldscheine hervor – Geld, das Mutter von ihrer Hände Arbeit gespart hatte.

Danach mussten wir uns nackt ausziehen und in einen Nebenraum begeben. Dort schnitt man uns das Kopfhaar, ließ uns dann auf eine Bank steigen, die sich die ganze Wand entlangzog, und fertigte uns wie am laufenden Band ab. Man rasierte uns alle Körperhaare, desinfizierte uns mit einer Flitspritze, besprühte besonders die Stellen, die behaart gewesen waren, und all das unter lauten Pöbeleien, Juden stänken und müssten peinlich auf ihre Hygiene achten. Das Absprühen mit Desinfektionsmittel verursachte furchtbares Brennen auf der Haut. Als Nächstes setzte man uns auf einen Stuhl und die Barbiere, die nicht gerade geübte Friseure waren, schoren uns mit abgewetzten Klingen einen zwei Finger breiten Streifen von der Stirn bis zum Nacken, der die deutsche Bezeichnung »Läusestraße« erhielt.

In einem anderen Raum händigte man uns die gestreifte Häftlingskleidung aus Hose, Hemdjacke und einer Art Barett aus. Die Kleidungsstücke hatten keine Taschen. In Häftlingskleidung fühlte sich jeder von uns gedemütigt. Erwachsene und ehrwürdige Menschen in ihrer Schmach zu sehen, war nicht leicht. Um die Verlegenheit zu überwinden und uns abzulenken, machten wir uns erst mal über das Aussehen unserer Mitmenschen lustig. Vorerst beließ man uns die eigenen Schuhe. Geschlafen wurde in Baracken aus Holz. Ich weiß nicht mehr, wie viele solcher Baracken es in

Auschwitz gab – Dutzende, Hunderte vielleicht. Diese Baracken erinnerten mehr an Viehställe als an Unterkünfte für Menschen. Links und rechts befanden sich lange Reihen mehrstöckiger, grob gezimmerter Holzpritschen. Auf jeder Pritsche waren fünf oder sechs Häftlinge. Der bevorzugte Platz war die oberste Pritsche. Wer Glück hatte, durfte oben schlafen, auch wenn es oben in der dritten Etage der Betten kälter war. Wer auf der untersten Etage einen Platz erhielt, musste wie eine Schlange da hineinkriechen. Andererseits war es dort wärmer. Jede »Etage« hatte ihre Vor- und Nachteile. Wir erhielten dünne Decken, um uns in der schrecklichen Kälte zuzudecken.

*

Wir erhielten je einen Blechteller mit Loch am Rand, damit man ihn sich an die Taille hängen konnte, dazu eine Blechtasse und einen Löffel.

An heißen Tagen wurde das Essen schnell schlecht. Eines Tages entdeckte mein Vater einen dicken weißen Wurm auf dem Löffel, den ich gerade zum Mund führte. Er stieß einen Laut der Abscheu aus.

Ich zuckte zusammen und sah ihn erstaunt an: »Was ist denn los?«

»In der Suppe ist ein Wurm! Sieh doch … Hunderte von Würmern in der Schüssel! Und in meiner auch!«, haspelte er mit vor Abscheu würgender Stimme.

»Unsinn! Da sind keine Würmer. Iss und lass mich in Ruhe!«, log ich.

»Das *sind* Würmer. Lebendige Würmer, und sie bewegen sich!«, insistierte er weiter.

Um es mir zu beweisen, fischte er einen der Würmer aus meiner Schüssel und setze ihn auf den Boden. Der fing an, über den schmutzigen Untergrund zu kriechen.

Ich schaute meinen Vater erbost an und fragte: »Was bezweckst du damit? Sag schon, was willst du nun von mir?«

Er verstand meine Reaktion nicht, als ich mit harter Stimme, die gar nicht mehr so recht zu mir zu passen schien, weitersprach: »Wir können das Essen nicht stehen lassen. Sonst verhungern wir. Willst du, dass wir vor Hunger sterben, Vater?« Mit harter Stimme fuhr ich fort: »Und es sind keine Würmer drin! Kein Wort mehr davon! Schließ einfach die Augen, denk dir, es sei eine Köstlichkeit!«

Doch tief in mir dachte ich: ›Oh Gott, kann denn das alles wahr sein?‹

Ab jenem Tag begann sich unser Verhältnis beinahe umzukehren, denn ich nahm anstelle meines Vaters dessen Rolle ein und er schien sich je länger je mehr zu einem Kind, zu meinem Sohn, zurückzuentwickeln.

Da Auschwitz offensichtlich nicht unsere finale Destination sein sollte, bekamen wir keine Nummer auf den Arm tätowiert wie die übrigen Häftlinge. Stattdessen übergab man uns Stoffstreifen, die unsere Häftlingsnummer nebst einem Dreieck auf gelbem Grund trugen – das Zeichen für Juden. Vater erhielt die Nummer 42648, ich die Nummer 42649. Der eine Streifen wurde links über der Brust auf die Jacke genäht, der andere rechts über dem Knie auf die Hose. Nachdem wir alle Stadien durchlaufen hatten, versammelten wir uns draußen in Erwartung des nächsten Appells.

Zu unserer Gruppe kam ein Mann ungarischer Herkunft, der einen Grafentitel führte, aber wegen seiner jüdischen Abstammung nach Auschwitz verschleppt worden war. Dieser Graf hatte die Orden versteckt halten können, die die Deutschen ihm im Ersten Weltkrieg verliehen hatten, darunter auch das Eiserne Kreuz. Die Bedeutung dieser Auszeichnung war so groß, dass die deutschen Soldaten ihm hätten salutieren müssen. Der Graf heftete die Orden an seine Häftlingskleidung, in der Hoffnung, die Deutschen würden ihn daraufhin anständig behandeln. Doch der SS-Befehlshaber sah es, stürzte sich wütend auf den Grafen, riss ihm die Orden von der Brust und schrie: »Sie beschämen und entehren das deutsche Volk und meine Heimat!«

Im Lagerbereich ging alles militärisch zu. Die Fortbewegung von Ort zu Ort erfolgte nur in Dreierreihe und unter gebrüllten Marschbefehlen.

»Links! Rechts! Eins, zwei, drei!«

Egal, ob man Deutsch verstand oder nicht – wehe, man gehorchte nicht den Befehlen! Das Schlimmste waren die Appelle. Bei jedem Appell war eine weitere Selektion zu erwarten. Manchmal ließ man uns stundenlang strammstehen, ohne dass wir wussten, was dann kommen würde.

An manchen Tagen überboten sich unsere Kapos (also Häftlinge mit Kontrollfunktionen) und die SS-Männer gegenseitig im Ausdenken immer neuer Schikanen und Folterungen. Ganz harmlos, aber zynisch nannten sie dies »Sport machen«: Hüpfen, Rollen, Tanzen und Kniebeugen etwa.

Wenn es Hüpfen war, so bedeutete es, fünfzig oder hundert Meter über den Platz und zurück zu hopsen. Rollen mussten wir immer dort, wo der meiste Schmutz und Schlamm war. Sie ließen uns zur »Entspannung« tanzen und, damit es nicht zu »lustig« wurde, auf Kommando Kniebeugen absolvieren. Bis zur totalen Erschöpfung. Meine Beine zitterten vor Ermüdung wie ein Wackelpudding, ich spürte meinen Rücken kaum noch und jeder Knochen tat mir weh. Der geschorene Kopf war schwer wie Blei, aber wer ohnmächtig wurde oder aus der Reihe tanzte, den brachten die Stock- und Peitschenhiebe der Kapos und der SS-Männer wieder zur Besinnung. Und wenn auch dies nicht half – hatte der Betreffende sein Leben verwirkt.

Die Ansprache

Ich habe mir oft die Frage gestellt, wie es gewesen sein musste, ein SS-Mann in einem Konzentrationslager zu sein; was es bedeutete, uneingeschränkt über Leben und Tod zu herrschen; wie man sich fühlen musste, wenn man von seinen Vorgesetzten, bis ganz hinauf zu Hitler, mit absoluter Befehlsgewalt ausgestattet worden war. Wie Götter auf Erden? Ja, vielleicht wie ein Gott auf Erden – ein boshafter Gott allerdings!

Es ist erstaunlich, nein, eigentlich erschreckend, wie aus vermeintlich ganz normalen Menschen wahre Bestien erwachsen können, wenn man ihnen den Segen und die Möglichkeit dazu gibt. Von brutalem Prügeln bis hin zur Folter mit Todesfolge. Sie schienen jede menschliche Regung wie Empathie, Nächstenliebe oder gar Mitleid verloren zu haben – und das sogar untereinander.

Wer weiß, vielleicht urteile ich zu hart – vielleicht könnte das jedem Mann so ergehen? Dennoch sei mir ein Urteil erlaubt – ich habe es an meinem eigenen Leib erfahren!

Der SS-Unteroffizier, der das Kommando über uns erhielt, war ein Primitivling mit unbeschränkter Machtbefugnis, ein einfacher, ungebildeter Bauerntyp, dessen Hass und Gewaltherrschaft keine Grenzen kannten. Er ließ uns auf dem Platz vor der Baracke, aus der wir gekommen waren, antreten. Schon im Voraus hatte er dort eine Kiste an die Wand gestellt, um sie als Podium zu benutzen. Um seine Überlegenheit zu demonstrieren, stieg er darauf und begann seine Rede.

Starr vor Angst beobachtete ich seine Gestalt, wie er hoch auf seiner Kiste stand, mit der Peitsche in der Hand. Er war von mehreren jungen Wächtern umringt, die auf sein Kommando ihre Peitschen schwangen. Wenn man bloß für einen Moment abwesend war oder nicht an seinen Lippen hing und seiner Rede lauschte, schickte der SS-Unteroffizier sofort einen seiner Jungen vor. Deren Peitschenhiebe prasselten dann auf jene ein, die einen Moment »abwesend oder unkonzentriert« schienen. Und wenn die Schläge ihm zu mitleidig und schwach vorkamen, schrie und kreischte er von seinem hohen Standpunkt aus Anweisungen wie: »Auf den Kopf musst du ihm hauen, mein Bester!« Und zu dem Häftling: »Bist du immer noch unkonzentriert?« Und wieder zu seinem Helfer: »Härter! Hau ihm ordentlich auf den Kopf!« Wer vor Schmerz aufschrie, erhielt die doppelte Anzahl von Schlägen. Nach und nach lernten wir, sogar unser Wimmern zu unterdrücken. Nach und nach lernten wir, alles stillschweigend auszuhalten.

Mit viel Pathos und in schreiendem Ton erklärte er: »Von nun an seid ihr keine Menschen mehr! Ihr seid Untermenschen! Deshalb habt ihr keine Namen mehr! Namen gibt man nur Menschen. Ihr habt nur eine Nummer und von jetzt an werde ich jeden bei seiner Nummer aufrufen!« Verbittert und zornig zugleich dachte ich mir, die Nummern sind gewiss seine Rettung, denn dieser Analphabet hätte wohl kaum Namen vom Blatt ablesen können.

Mitten in seiner Rede zückte er drohend seine Pistole und sagte: »Über mir gibt es nur noch Gott! Ich kann jeden von euch erschießen, ohne irgendwem Rechenschaft geben zu müssen.«

Nachdem er seine »grandiose« Rede beendet hatte, mussten wir wieder Dreierreihen bilden und unter dem üblichen Gebrüll zum Wohnblock marschieren.

Es war ein länglicher Bau mit Wohnzellen zu beiden Seiten, den sogenannten »Boxen«. Die Boxen aus Holz waren in Stockwerken übereinander angeordnet, ähnlich wie Lagerregale. In jede Box wurden mehrere Menschen gezwängt. Wir konnten darin weder sitzen noch stehen, nur untätig herumliegen. Durch das lange Liegen auf dem völlig ungepolsterten Holzbrett bekamen wir Schmerzen am ganzen Leib. Deshalb meldete ich mich bald freiwillig als Fäkalienträger für das Hinaustragen und Ausleeren des »Scheißkübels«, wie das bei den Deutschen hieß. Den Kübel trug ich mit einem Partner hinaus. Unweit unseres Blocks entdeckten wir, dass dort ganz ähnliche Kübel mit Essen standen. Ich gab meinem Partner einen Wink, die Behälter auszutauschen. Zum Glück bemerkte uns keiner, als wir mit dem Kübel zum Block liefen. Wir verteilten die sämige Suppe unter uns allen und vermochten den Kübel so in Windeseile zu leeren, um ihn wieder in einen Toilettenkübel zu verwandeln.

Der »Blockälteste«, der dem jeweiligen Block vorstand, war normalerweise ein Jude. Auch die Kapos sprachen fast alle Jiddisch, denn es war ja wichtig, dass alle sie verstanden. Was Grausamkeit anbetraf, unterschieden sie sich allerdings nicht von den deutschen Bewachern. Der Unterschied bestand nur darin, dass die Kapos einen Stock hatten, die Deutschen eine Schusswaffe.

In der Mitte des Blocks erstreckte sich den ganzen Fußboden entlang eine Art liegender Backstein-Schornstein. Die Öffnung zeigte zum Blockeingang. In diese Öffnung musste ein Delinquent den Kopf stecken, während man ihm das nackte Gesäß verprügelte.

Eines Tages mussten wir zum Appell antreten, erhielten eine Extraration Brot (im jiddischen Lagerjargon »a Razie Broit« genannt), marschierten durch das Lagertor und warteten auf den Lastwagen.

Beim Warten sagte mein Vater: »Weißt du, dass heute das Wochenfest ist?«

In der Tat – es war Wochenfest, als wir in das nächste Konzentrationslager gebracht wurden.

*

Es musste etwa um diesen Zeitpunkt herum gewesen sein, als die größte Operation der Kriegsgeschichte in dem für uns unendlich fernen England gestartet wurde. Der »D-Day« war der Höhepunkt einer langen Vorbereitungsphase und zugleich und bis dato die größte maritime Landeoperation in der Kriegsgeschichte. Es war der 6. Juni 1944. Man nannte es die »Operation Overlord«. Insgesamt überquerten 6991 Schiffe den Ärmelkanal zwischen England und Frankreich, um eine 200000 Mann starke Armee, bestehend aus Briten, US-Amerikanern, Kanadiern, Franzosen und Polen, überzusetzen.

Am frühen Morgen des 6. Juni 1944 stiegen alliierte Flugzeuge von Flugplätzen bei Dover auf und warfen vor der britischen Küste über dem Ärmelkanal Stanniolstreifen ab. Die damit erzeugten Radarechos sollten den Deutschen den Anflug von Hunderten von Flugzeugen und die Überfahrt von vielen Schiffen in Richtung Pas-de-Calais vortäuschen. Man wollte die Deutschen über den tatsächlichen Landungsort im Dunkeln lassen.

Die eigentliche Landung begann frühmorgens um sechs Uhr dreißig. Omaha Beach war mit mehr als zehn Kilometern Länge der ausgedehnteste Landungsabschnitt und erstreckte sich von der im Westen liegenden Mündung der Vire bei Vierville-sur-Mer bis zum kleinen Fischerhafen von Port-en-Bessin.

Zunächst hielt das schwere Abwehrfeuer der Deutschen die Angreifer am Strand fest. Doch bis zum Abend waren 150000 alliierte Soldaten an Land gelangt – bei Verlusten von 12000 Mann auf alliierter Seite.

Versenkt

»Fünfteichen« war eines der vielen Nebenlager des Hauptlagers Groß-Rosen in Niederschlesien. Der Ort erscheint nicht auf der Landkarte, weil Fünfteichen speziell für die deutsche Rüstungsindustrie errichtet wurde. Die Bauleitung unterstand dem NS-Reichsminister für Bewaffnung und Kriegsproduktion Albert Speer. Die Rüstungsproduktion oblag der Firma Krupp.

Von Auschwitz wurden wir direkt und ohne Zwischenhalt nach Fünfteichen gebracht, um als Zwangsarbeiter in der Waffenindustrie zu dienen. Wir wurden in zwei Gruppen eingeteilt: die Gruppe Speer und die Gruppe Krupp. Mein Vater und ich kamen zur Gruppe Speer, die sich mit Bauarbeiten beschäftigte. Die Unterkünfte im Lager waren nach Gruppenzugehörigkeit getrennt. Gleichzeitig wurden auch Juden aus Polen ins Lager verlegt, überwiegend aus dem Getto Lodz.

Das war für mich die erste Begegnung mit Juden aus einem anderen Land. Zu meiner Gruppe gehörten viele Juden aus Ungarn, die kein Jiddisch verstanden. Diese Verständigungsschwierigkeit wirkte sich auf die Beziehungen zwischen Polen und Ungarn aus. Zum Glück konnte ich Jiddisch und verstand auch ein wenig Polnisch, das ich von meiner Mutter gelernt hatte. Wenn mich wieder mal der Hunger befiel, begann ich, wie andere Hungerleidende, in meinen Taschen nach Krümeln zu schaben. Dazu bemerkte ein polnischer Jude, der schon lange im Lager war, auf Jiddisch: »Du Hirensi! Du hast noch Schmutz in die Oiren fun derheim und du kratzt schoin in die Keschenes?« (Auf Deutsch übersetzt heißt das in etwa: »Du Hurensohn! Hast noch Dreck von daheim hinter den Ohren und kratzt schon in den Taschen?«) Der Ärger rührte daher, dass diese Menschen schon einige Zeit in Lagern vegetierten, während wir gewissermaßen erst gestern »aus der Fülle« eingetroffen waren.

Auf der Baustelle wurden wir einer Lastträgergruppe zuteilt, die Zementsäcke aus dem Güterzug ablud, der bis an die Baustelle fuhr. Die Order lautete, dass man auf der Baustelle nicht gehen, sondern nur rennen durfte. Das heißt, alle Arbeiten mussten im Laufschritt verrichtet werden, auch das Abladen der Zementsäcke. Wir rannten gebückt im Bogen zum Waggon. Zwei Häftlinge warfen mir einen Zementsack von einem Zentner Gewicht auf die Schultern, und ich musste damit weiterrennen bis zur Zementmischmaschine, den Sack abwerfen und ohne Aufenthalt weiterrennen, immer im Kreis herum. Die Bewacher trieben uns von der Mitte des Kreises mit der Peitsche an, und wehe, wenn jemand es wagte, das Tempo zu verlangsamen. Sofort peitschten sie auf ihn ein und manchmal drohten sie auch mit gezückter Pistole.

Diese Situation erinnerte mich an ein Bild in der Pessach-Haggada, das zeigte, wie ägyptische Sklavenaufseher die hebräischen Sklaven mit Peitschen antrieben. Diese Assoziation war wohl noch einem anderen eingefallen, denn im Rennen begann er das Pessach-Lied »Sklaven waren wir« zu singen.

Bei Arbeitsschluss klebte meine Haut vor Zementstaub und Schweiß.

Nachdem diese Arbeit abgeschlossen war, wurden Vater und ich einer anderen Gruppe zugeteilt, die Eisenrohre zu schleppen hatte. Die Deutschen sparten keine Mühe, um die Fabrikgebäude schnell hochzuziehen. Sie mobilisierten alle Arbeitskräfte und Maschinen, und auf der Baustelle liefen Dutzende Zementmixer. Der Zementbrei wurde durch verbundene Eisenrohre bis zur Höhe der Gussformen gepresst.

Gelegentlich mussten wir die Rohre an eine neue Gussstelle verlegen. Dazu wurden die Rohre auseinandergenommen. Wir mussten sie auswaschen und an die erforderliche Stelle bringen. Mein Partner beim Rohre-Schleppen war mein Vater, und da er kleiner war als ich, fiel ihm mehr Gewicht zu.

Entdeckte ich beim Tragen eine saftige Wildpflanze auf der Wiese, zögerte ich nicht, das Rohr abzulegen und sie zu essen. Der Hunger zwingt einen Menschen dazu, sich wegen eines Stückchens Brot zu erniedrigen, einfach alles dafür zu tun, auch bloß das kleinste Essbare, was immer es auch sei, zwischen die Zähne zu bekommen; man verliert bald jegliche Art von

Ekel und wird auch Dinge essen, die eigentlich nicht genießbar und schon gar nicht verdaulich sind.

Dennoch – Hunger und Leid hinterließen ihre Spuren an unseren Körpern. Wir magerten rapide ab und waren bald nur noch Haut und Knochen.

Beim Rohre-Schleppen auf der nackten Schulter scheuerte ich mir die Haut blutig. Zum Glück gab es keine Spiegel im Lager, denn hätten wir gesehen, wie wir mittlerweile aussahen – wir wären wahrscheinlich zu Tode erschrocken.

Etwas später wurde mir eine neue Aufgabe zugeteilt: Ich musste über der Gussform für einen etwa zwei Stockwerke hohen Gebäudepfeiler stehen und mit einem Schieber den aus einem Rohr quellenden Betonbrei in die Holzform stoßen.

Auch hier standen rechts und links SS-Wachen, die uns keinen Moment aus den Augen ließen. Ich schob den Beton stundenlang im Takt einer Maschine in die Holzformen. Tagein, tagaus ging das so. Von morgens früh bis spätabends. Diese Arbeit war mörderisch, und schon sehr bald war ich nach wenigen Stunden Arbeit so entkräftet, dass ich mich nur schwer auf den Beinen halten konnte. Aber kaum machte ich die kleinste Pause, war schon ein SS-Mann zur Stelle, der mich, mit der Maschinenpistole im Anschlag, anschrie, dass ich weiterarbeiten solle.

Eines Tages, es war kurz nach Mittag, schien plötzlich auch der letzte Funke Kraft und Wille in meinem

Körper erloschen zu sein. Jeder Knochen tat mir so weh, dass der Schmerz meinen ganzen Körper regelrecht zu überfluten schien. Meine abgemagerten Beine schienen so schwer – meine noch dünneren Arme auch. Ich konnte nicht mehr! Alles war mir egal in diesem Augenblick, und ich ließ den Schieber, mit dem ich den Beton in die Holzformen stoßen musste, einfach fallen und lehnte mich gegen die Wand in meinem Rücken und schloss die Augen.

Plötzlich packten mich Hände links und rechts unter den Schultern und hoben mich hoch. Es waren zwei SS-Wachen, die mich ohne ein Wort der Warnung gepackt und scheinbar mühelos, ich musste schon fast so leicht gewesen sein wie eine Feder, hochgehoben hatten und mich ohne jede Regung mit den Beinen voran in die Holzform mit dem Betonbrei stießen. Als ich langsam im Beton zu versinken begann, spuckte der eine in meine Richtung und sagte verächtlich: »Ersaufen sollst du, du faules Schwein!«

Dann drehten sich die beiden SS-Schergen um und gingen ruhigen Schrittes davon.

Unterdessen floss der Beton weiter, und ich sank tiefer und tiefer, bis die Masse mir schon bis an die Brust reichte. Im letzten Moment gelang es meinem Vater, mithilfe einiger Kameraden, mich aus der zähen Betonmasse herauszuziehen und mich soweit aufzupäppeln, dass ich weiterarbeiten konnte.

Ich war nicht der Einzige, der im Laufe der Zeit zur Strafe in den Beton geworfen wurde – und die allerwenigsten überlebten diese »Bestrafung«.

Ich hatte auch verbale Verständigungsprobleme mit den Deutschen. Deutsch konnte ich noch nicht richtig sprechen und Jiddisch half mir zwar zu verstehen, was die Wachen sagten, aber eine echte Kommunikation war nicht wirklich möglich.

Einmal fragte ich einen deutschen Aufseher nach einer Zange, um einen Nagel aus einem Brett zu ziehen. Ich erklärte ihm auf Jiddisch, ich wollte »a Tschwok« herausziehen. Der Deutsche begriff nicht, was ich wollte, bis ich lernte, dass Tschwok »Nagel« heißt. Die Wachen waren sehr misstrauisch, wenn wir Jiddisch sprachen, denn sie dachten sofort, wir verfluchten sie.

Damit die Deutschen nicht verstanden, was wir redeten, entwickelte sich im Lager eine neue Sprache, die Ersatzwörter für die jiddischen Begriffe prägte. Später erfuhr ich, dass diese Sprache in fast allen Lagern bekannt war. Zum Beispiel ersetzte man das Wort »Goj« (Nichtjude) durch den jiddischen Ausdruck »Orel« (Unbeschnittener). Näherten sich Wächter, sagte man »schesch«, jiddisch für die Zahl »sechs«, um durch dieses »schsch« Schweigen zu gebieten. Den Wächtern legten wir Spitznamen bei, damit wir wussten, wer in der Gegend auftauchte, zum Beispiel: »Amalek / Aschmedai / Haman / Rascha« (Bösewicht). Ich musste auch die Spezialausdrücke der aus Polen stammenden Juden lernen, das heißt, die polnischen Worte in ihrem Jiddisch. Wenn wir in Dreierreihen marschierten, bemerkte mein Hintermann: »Kuze nicht!« (Wirbel keinen Staub auf!). Und auch bisher ganz unbekannte Flüche hörte ich, wie etwa »Oiren-beißer« (Ohrenbeißer) oder »Hirensi« (Hurensohn).

Schon nach wenigen Wochen gerieten selbst die Stärksten und Kräftigsten unter uns in einen Zustand völliger Erschöpfung und Apathie. Die, die weniger stark oder zäh waren, starben schon nach kurzer Zeit – darunter auch ein paar meiner Schulkameraden, die zu Hause an ein üppiges Leben gewöhnt gewesen waren. Zu meinem Glück hatte ich mich daheim wie die Bauern ernährt – ich hatte immer alles gegessen, was auf den Tisch kam. Wohl auch deshalb war ich widerstandsfähiger, konnte die Leiden leichter ertragen und mich eher mit Gräsern und Kartoffelschalen begnügen, die für mich, je länger desto mehr, zu einer ganz besonderen Delikatesse wurden. Zudem kam mir jetzt zugute, dass ich schon im Alter von 13 Jahren harte Erwachsenenarbeit, wie die in dem Ritualbad, hatte verrichten müssen.

*

Als wir nach ein paar Wochen unsere Aufgaben in Fünfteichen erfüllt hatten, wurden wir in ein anderes Lager nach Görlitz verlegt.

Das »KZ Biesnitzer Grund« wurde in der ersten Hälfte des Jahres 1944 auf dem Gelände einer stillgelegten Ziegelfabrik in der niederschlesischen Stadt Görlitz errichtet. Auch das Außenlager Görlitz war eine Außenstelle des KZ Groß-Rosen. Anfangs befanden sich rund 900 Häftlinge in diesem Lager, doch innerhalb kurzer Zeit stieg die Zahl der jüdischen Insassen auf 1200, darunter auch Frauen. Die Häftlinge arbeiteten in einer großen Rüstungsfabrik namens Waggon- und Maschinenbau AG Görlitz. Der Befehlshaber der Gegend, Dr. Bruno Malitz, mit offiziellem Titel »Kreisleiter oberster Volkssturmführer des Kreises Görlitz«, und der Görlitzer Bürgermeister, Dr. Hans Meinshausen, regierten über Görlitz. Malitz war von Amts wegen für das Rüstungswerk WUMAG und das Konzentrationslager verantwortlich. Er war auch der Oberbefehlshaber der SS-Einheit des Kreises. Diese beiden Nazis wurden nach dem Krieg geschnappt, vor Gericht gestellt, 1948 zum Tode verurteilt und hingerichtet. Nach der Eroberung der Stadt durch die Rote Armee am Ende des Zweiten Weltkriegs wurde Görlitz geteilt: Das rechte Neiße-Ufer wurde Polen angegliedert und erhielt nun den Namen Zgorzelec. Das linke Ufer der Stadt blieb bei Ostdeutschland.

Wie gesagt, war das Lager auf dem Gelände einer stillgelegten Ziegelfabrik entstanden. Als einziges Gebäude war die Brennerei mit dem hohen Schornstein übrig geblieben. Das Lager war von zwei unter Strom stehenden Stacheldrahtzäunen umgeben, zwischen denen in voller Länge ein Graben entlanglief. Am Eingangstor stand ein Wachtposten. Ein Stückchen weiter, rechts des Lagers, lagen die Quartiere der Soldaten. Zur Linken führte ein Weg zum Frauenlager, das vom Männerlager völlig isoliert war. Auf einem Hügel hinter dem anderen Ende des Lagers wohnte der Lagerführer Zunker. Die Wohnbaracken oder richtiger die Blocks der Häftlinge standen nebeneinander. Für jeden Block wurde ein Blockältester ernannt.

Dazu muss man wissen, dass sich die Deutschen in den Lagern einer Anzahl jüdischer Häftlinge bedienten, die Vorrechte, bessere Bedingungen und reichhaltigere Nahrung genossen, solange sie die Durchführung des grausamen Regiments über ihre Mithäftlinge unterstützten. Das waren die schon erwähnten »Kapos« und die »Blockältesten«.

Im Zentrum des Lagers befand sich der Appellplatz. Darum herum gruppierten sich die Blocks, die Küche mit einem Spülstein draußen, der Schweinestall und das Krankenrevier, das wir auch »Leichenkammer« nannten, weil nur wenige lebendig wieder von dort herauskamen. Die Blocks enthielten Etagenbetten mit einem strohgefüllten Jutesack, der eine Matratze sein sollte, und einer einzigen Wolldecke. In jedem Bett waren zwei Häftlinge untergebracht. In der Mitte des Blocks stand ein Heizofen.

Von Fünfteichen waren wir mit Lastwagen nach Görlitz gebracht worden. Wir hatten Glück gehabt, denn Gruppen, die in andere Lager kamen, mussten den Weg zu Fuß zurücklegen, wobei viele unterwegs umkamen oder erschossen wurden. Unser Einzug ins Lager vollzog sich mit militärischem Zeremoniell. Im Gleichschritt marschierten wir in Fünferreihe durch das Lagertor direkt zum Appellplatz.

Unsere Gruppe bestand aus polnischen und ungarischen Juden. Die bisherigen Lagerinsassen scharten sich in einiger Entfernung von uns, in dem Versuch, womöglich einen Verwandten oder Bekannten in unserem Trupp zu erspähen. Doch jeder Kontakt der Alteingesessenen mit uns wurde von den Wachtleuten verhindert. Auf dem Appellplatz stand uns die gesamte Lagerleitung gegenüber: Lagerkommandant Zunker, Lagerleiter Sedlak, der Lagerälteste Hermann Tschech und der Lagerkapo Jakob (Jankel) Tannenbaum. An die Letzteren erinnere ich mich besonders gut – wie könnte ich die beiden je wieder vergessen!

Es hieß, Hermann Tschech sei wegen Mordes zum Tode verurteilt worden. Das Gerücht besagte, er habe einige seiner eigenen Familienangehörigen umgebracht. Aber die Nazis bewahrten ihn vor dem Galgen, weil sie meinten, er wäre der passende Mann als Lagerältester für jüdische Häftlinge. Allerdings blieb er Häftling und trug an seiner Kleidung eine Häftlingsnummer mit grünem Dreieck, der Farbe der Deutschen – im Unterschied zum gelben Dreieck der jüdischen Häftlinge. Tschech war klein, schielte und trug eine starke Brille mit einem dicken, schwarzen Gestell. Wegen seines schlechten Sehvermögens lief er nachts nicht im Freien herum. Sein Kopf saß praktisch ohne Hals auf den Schultern und er trug immer eine schief sitzende, schwarze Schirmmütze. Er sah wirklich scheußlich aus. Es fehlte eigentlich nur noch der Buckel, und er wäre von Victor Hugos Quasimodo in »Der Glöckner von Notre-Dame« nicht zu unterscheiden gewesen. Zudem hatte er eine heiser klingende Stimme, mit der er meist nicht redete, sondern hysterisch brüllte. Am Gürtel trug er eine Pistole mit langem Lauf, der ihm bis an die Knie reichte, und er zögerte nicht, sie oft zu gebrauchen, um jemanden beim geringsten Vergehen zu erschießen.

Gelegentlich veranstaltete Tschech »Fahndungsaktionen« nach versteckten Nahrungsmitteln in den Stuben und Betten der Häftlinge. Dabei begleitete ihn auf Schritt und Tritt sein treuer Scherge Jakob Tannenbaum, der seine Worte ins Jiddische übersetzte.

Jakob Tannenbaum fungierte als Hauptsprecher und Übersetzer im Lager. Als er auf dem Appellplatz vor uns trat, stellte er sich auf Jiddisch vor: »Ich bin der Lager-Kapo, und ich heiß Jakob Tannenbaum!« Er warnte uns, dass wir für Regelverstöße mit dem Leben büßen würden. Anfangs war ich froh, dass wir endlich einen Befehlshaber hatten, der Jiddisch sprach – das wäre gewiss von Vorteil. Es sollte sich aber bald schon als Illusion erweisen. Zu meinem Leidwesen wurden meine Hoffnungen derart enttäuscht, dass mir manchmal ein Deutscher lieber gewesen wäre als Jakob Tannenbaum. Über seine Vergangenheit wusste man nur, dass er 1913 in der polnischen Kleinstadt Szeiniava geboren war. Er war ein Unmensch – ein Wolf im Schafspelz, wie ich bald schon herausfinden sollte. Der Umstand, dass er Jiddisch sprach, war eher ein Nachteil, denn so konnten wir auch in dieser Sprache nichts sagen, was den Deutschen verborgen bleiben sollte.

Offenbar stimmte Jakob Tannenbaum der nationalsozialistischen Weltanschauung zu. Seine Grausamkeit kannte keine Grenzen. Einmal, als wir an einem kalten Februartag vor der Arbeit auf dem Appellplatz angetreten waren, fragte er hinterhältig: »Wer ist krank? Wer möchte aufs Revier?« Einige Häftlinge klagten über schmerzende Füße. Ihnen befahl er, die Schuhe auszuziehen und barfuß zur Fabrik zu marschieren.

Er misshandelte jüdische Häftlinge, warf sie zu Boden und trat sie mit seinen schweren Stiefeln.

Ein anderes Mal entdeckte er, dass Vater, der sehr unter der furchtbaren Kälte litt, sich unter der Kleidung eine Wolldecke um den Leib gewickelt hatte. Tannenbaum führte ihn daraufhin an einen Block, befahl ihm, die Hose herunterzulassen und sich zu bücken, und schlug ihn mit 25 Peitschenhieben blutig. Vater hat im Alter vieles verdrängt und vergessen, was er in dieser Zeit erlebt und mitgemacht hatte – aber Tannenbaums Schläge vergaß er nie.

Auch Hinrichtungen leitete Tannenbaum gerne selbst. Eines Tages wurde ein Häftling dabei erwischt, wie er ein paar faule Kartoffeln aus der Küche entwendet hatte. Er wurde unverzüglich zum Tode verurteilt. Tannenbaum selbst leitete die Hinrichtung und sorgte dafür, dass alle dabei waren, um damit ein Exempel zu statuieren.

Im Konzentrationslager Görlitz teilte man uns in zwei Arbeitsgruppen auf: die eine für den Maschinenbau, die andere für den Waggonbau. Nach dieser Einteilung bestimmten sich auch die Wohnbaracken. Mir war es wichtig, nicht von Vater getrennt zu werden, sondern in derselben Gruppe zu bleiben. Zum Glück gelang uns das.

Nach Beendigung der Ansprachen blieben wir lange ohne Essen und Trinken auf dem Appellplatz stehen. Wir hatten keine Ahnung, was man mit uns vorhatte. Wir durften nicht miteinander reden. So hing jeder seinen Gedanken nach. Ich blickte mich um und sah ein wohlorganisiertes, geordnetes Lager, im Gegensatz zu dem vorigen Lager, aus dem ich gekommen war.

Im Nachhinein und mit dem Wissen, das ich damals nicht haben konnte, erschreckt mich die damalige Selbstsicherheit der Deutschen und die perfekte Organisation dieser Todesmaschinerie einerseits noch heute, und andererseits hätte mich solch ein Wissen in jenem Moment wohl dermaßen deprimiert, dass ich mich wahrscheinlich mit dem Gedanken abgefunden hätte, Hitlers Traum vom »1000-jährigen Reich« könnte doch noch wahr werden. Vom Weltgeschehen und von den Ereignissen an der Kriegsfront hatte ich jedoch keine Ahnung. Ich dachte, die Deutschen herrschten schon über die ganze Welt, und grübelte, was mein Los hier sein würde. Würde das Lager Görlitz nun das definitive Ende meines Lebensweges bedeuten?

*

Am 20. Juli 1944 platzierte Claus Schenk von Stauffenberg eine Bombe im Führerhauptquartier mit dem Ziel, Adolf Hitler zu töten. Er scheiterte. Zwanzig Männer wurden von der Explosion leicht oder schwer verletzt, vier weitere starben an ihren Verletzungen. Aber Hitler überlebte – nur leicht verletzt, leider.

Ich glaube, dass die Deutschen planten, uns systematisch in »Sklaven« zu verwandeln, uns geistig und körperlich zu brechen und so weit zu bringen, dass wir widerstandslos ihren Befehlen gehorchten – bis in den Tod. Tatsächlich verzweifelten einige von uns und hielten nicht lange stand.

Wie fast immer hatte ich nachts schreckliche Albträume und schreckte auf. Ich beschwor mich selbst, dass ich leben wolle, und erinnerte mich an das, was mir meine Mutter als letzte Worte in dem Zugwaggon ins Ohr geflüstert hatte: »Liebe ist stärker als Hass! Vergiss das nie, mein Sohn!« Dieser Satz wurde mir zur Losung, zu meinem Credo, das ich mir immer und immer wieder in meinen Schädel hämmerte.

*

Offenbar übte dieser Beschluss eine fast magische Wirkung auf mich aus, denn ich spürte jetzt nicht mehr die Müdigkeit beim langen Stehen. Ich war Herr meines Schicksals. Es gab hier keine Weisen und Gebildeten, an die man sich hätte halten können. Jeder war für sich selbst verantwortlich. Diese Denkweise brachte ich auch Vater bei. Wir beschlossen, die Worte »Hunger« und »hungrig« aus unserem Wortschatz zu tilgen, weil wir bei ihrer Erwähnung nur noch hungriger wurden. Ich redete mir immer und immer wieder ein, dass ich alle möglichen Schwächen überwinden könnte – und zum Schluss half es tatsächlich!

Vor dem Abtreten vom Appellplatz stellte uns der Kapo Jakob Tannenbaum die Blockältesten vor. An einige Namen erinnere ich mich noch: Wolkowitz, Gerschon, Angel, Eichner und Dwaski, alle aus Polen. Der Einzige aus der Karpato-Ukraine war Rosenfeld, ein religiöser Mann, der sich relativ fair verhielt.

Die Lagerroutine umfasste neben der Fabrikarbeit auch Putzdienst auf dem Lagerhof und in den Latrinen und – Kartoffelschälen.

Die schlimmste Aufgabe, die mir einmal zufiel, war das Aufladen von Leichen auf Karren. Die Leichen wurden in einem Keller gesammelt und mit Kalk bestreut. Wenn 40 bis 50 zusammen waren, kam ein Transportunternehmen von draußen und fuhr die Leichen zu einem der Krematorien in Görlitz, Zittau oder auch Groß-Rosen. Manchmal entdeckte ich Bekannte unter den Toten und sagte dann zu meinem Partner: »Guck mal, hier ist der und der.« Fast war ich froh, einen Bekannten unter den Leichen anzutreffen. Das Makabre an der Sache störte mich damals nicht.

In unserer Freizeit beschäftigten wir uns mit Läusefangen. Die Tierchen liefen vor allem in den Kleidernähten herum. Wir kratzten die Läuse heraus und knackten sie mit den Fingernägeln. Zum Spaß veranstalteten wir auch Läuserennen. Wir zogen eine Zielgerade auf dem Boden und wetteten um ein Stückchen Brot, wessen Laus als Erste die Ziellinie überschreiten werde. In einem Fall freute sich der Sieger so sehr, dass er die Laus aufhob und zurück in seine Kleider setzte, wobei er murmelte: »Du bringst mir Glück, dich behalte ich!«

Gelegentlich trafen neue Häftlinge im Lager ein. Wenn eine neue Gruppe nahte, brach eine Debatte zwischen den ungarischen und den polnischen Juden aus: Kommen Ungarn? Oder Polen? Große Spannung herrschte, wenn sie ins Lager einzogen. Obwohl sie von uns ferngehalten wurden, konnte man sie durch den Drahtzaun sehen. Wir versuchten mit Rufen herauszubekommen, aus welcher Gegend sie kamen. Einmal traf eine Gruppe jüdischer Frauen aus Polen ein. Darunter befand sich die Ehefrau eines Häftlings, der jahrelang nichts von ihr gehört hatte. Diesem Paar gelang es, gemeinsam freizukommen.

Die Schuhe von zu Hause waren längst zerschlissen. An ihrer Stelle erhielten wir Holzschuhe, so ähnlich wie die in Holland. Eine Hammerzehe an meinem linken Fuß ist die Hinterlassenschaft eines zu kleinen, derben Schuhs, den ich damals erhielt.

Mein Vater kam eines Tages ins Krankenrevier. Als ich das erfuhr, erschrak ich furchtbar, denn das Revier war eine Einbahnstraße in den Tod. Wenige kehrten je lebendig daraus zurück. Wie von Sinnen rannte ich in die Krankenstube und sah einen Körper, der mit einer Decke bedeckt war, auf einer Bahre liegen. ›Mein Vater ist schon tot‹, dachte ich und hob die Decke an, die auch das Gesicht des Körpers, der da lag, bedeckte … Aber es war nicht mein Vater, sondern ein Rechtsanwalt aus Nyírbátor, den ich flüchtig gekannt hatte. Mir wurde schlecht! Was ich sah, war kaum als Mensch wiederzuerkennen: ein menschliches Skelett, von den Füßen bis zur Lende stank er so stark vor Fäulnis, dass ich beinahe das Bewusstsein verloren hätte.

Im selben Augenblick, in dem ich aus der Krankenstation taumeln wollte, weil mir so übel geworden war von dem Gestank des verfaulenden Rechtsanwaltes, spürte ich eine Hand auf meiner Schulter.

Ich wagte erst nicht mich umzudrehen und stand wie eingefroren an der Stelle. ›Jetzt ist es aus‹, dachte ich, ›sicherlich ein SS-Mann, der dir gleich eine Kugel in deinen Schädel jagen wird.‹

»Dein Vater liegt dort hinten, Shlomo.«

Als ich die Stimme erkannte, und noch bevor ich mich umdrehte, wusste ich, wer hinter mir stand: Dr. Kinros! Er war Arzt auf der Krankenstation. Genauer gesagt, war er eigentlich Zahnarzt, aber die Deutschen hatten ihn, mangels eigener Ärzte, wie ich vermutete, als Arzt in die Krankenstation abkommandiert. Doch der sympathische Dr. Kinros aus Polen behandelte die Häftlinge insgeheim und hinter dem Rücken der SS-Wachen – wie ein Hausarzt fast.

Als zum Beispiel einmal ein Häftling durch die Kugel eines deutschen Bewachers am rechten Arm getroffen worden war und Infektionsgefahr bestand, amputierte Dr. Kinros ihm den Arm unter primitivsten Bedingungen und rettete ihm damit das Leben und brachte sich dadurch selbst in Lebensgefahr, denn für die Nazis, das ahnten wir bereits, diente die sogenannte Krankenstation zu nichts anderem als zur Selektion und Elimination kranker und schwacher, sprich »nicht mehr nützlicher Arbeitskräfte« bzw. Lagerinsassen. Mit der Zeit wurde dieser Umstand uns Lagerhäftlingen immer mehr bewusst und manch einer, der schlichtweg nicht mehr leben wollte oder konnte, meldete sich freiwillig auf die Krankenstation – hoffend, dass man ihn dort einfach in Ruhe sterben ließ – so, wie es wohl auch mein Vater vorhatte.

Als ich mich langsam umdrehte und Dr. Kinros mit großen Augen anstarrte, wiederholte dieser, während er mit dem ausgestreckten Arm auf eine der Holzpritschen an der hinteren Wand wies, mit seiner so sanften, aber eindringlichen Stimme, was er soeben gesagt hatte: »Dein Vater liegt dort hinten, Shlomo.« Seine Hand drückte etwas härter auf meine Schulter, als er leise weitersprach: »Bring ihn hier raus, mein Junge … und zwar jetzt!« Er schaute hastig zu der Türe und fügte hinzu: »Ich werde aufpassen, dass keiner kommt.«

Ich taumelte immer noch wie trunken von dem Gestank in Richtung der Pritsche, auf die Dr. Kinros gezeigt hatte … Und jetzt sah ich in dem düsteren Licht, dass dort tatsächlich mein Vater lag. Er sah aus, als wäre er schon tot. Seine Augen waren geschlossen. Er atmete kaum noch.

Ich packte ihn an den Schultern und versuchte seinen Körper hochzuzerren. Als er nicht reagierte, schrie ich ihn an: »Steh auf! Verdammt … steh auf!«

Dann riss ich ihn mit aller Kraft, die ich noch aufbringen konnte, von der Pritsche hoch, legte seinen Arm um meine Schultern und schleppte ihn so aus der Krankenstation.

Wieder einmal stand das Glück auf meiner Seite, denn es war Mittagszeit und die meisten SS-Wachen waren beim Essen.

*

Die Nazis täuschten uns auf allerlei Weise. So teilten sie uns zum Beispiel gelegentlich Postkarten aus, um ihre vermeintliche Gutmütigkeit zu beweisen. Wir durften an die Familie schreiben. In unserer Arglosigkeit glaubten wir, die Familie befände sich irgendwo in einem anderen Lager. Noch wussten wir nicht, was ihnen wirklich zugestoßen war. Mein Vater fügte ein paar Zeilen auf meinen Postkarten hinzu und ich auf seinen.

Glückliche Schweine

Im Lager hielt man Schweine für den Lagerkommandanten und seine Assistenten. Tonnenweise wurden Abfälle als Schweinefutter aus der Stadt geholt.
Wir waren neidisch auf die Schweine, die bessere
und auch viel mehr Nahrung als wir erhielten. Unter den Lagerinsassen kursierte der Spruch: »Schaut,
die Schweine fressen sich fett, und wir werden vor
Hunger sterben!« Ich wollte mich jedoch mit diesem
Spruch nicht abfinden und sagte mir: ›Ich muss den
Schweinen das Futter stehlen.‹

Doch der Schweinestall war mit Stacheldraht eingezäunt. Es würde also gar nicht so leicht sein, an die
begehrte Abfalltonne mit dem Schweinefutter darin
zu gelangen. Zudem bestand jederzeit die Gefahr,
von den Wachen dabei erwischt und auf der Stelle erschossen zu werden.

›Was soll's?‹, dachte ich mir: ›Es ist besser, mit einem vollen Bauch zu sterben, als zu verhungern.‹

Eines Nachts also schlich ich mich aus der Baracke,
lief geduckt zum Schweinestall und kroch bäuchlings,
den Blechteller vor mir ausgestreckt in meiner Hand,
an den Stacheldrahtzaun heran, dessen erster Draht
etwa zehn Zentimeter über dem Boden begann und
sich dann im Abstand von je zehn Zentimetern bis
auf eine Höhe von über zwei Metern fortsetzte. Unten

durchzukriechen war daher unmöglich, meinen sowieso schon mageren Arm aber in der Mitte so weit durchzustrecken, auch wenn ich mir dabei die Haut blutig ritzte, dass ich den Teller in die Tonne tauchen konnte – das funktionierte!

Die Gefahr bestand allerdings darin, dass die Schweine aufwachten, zu grunzen anfingen und damit die Aufmerksamkeit der Soldaten auf den Wachtürmen erregen konnten. Ich dachte mir jedoch, die Soldaten würden es sich zweimal überlegen, ehe sie ihre Waffe gebrauchten – aus Angst, die Schweine zu treffen und sich Ärger mit ihren Vorgesetzten einzuhandeln. Bis sie jedoch von ihren Türmen runtergeklettert wären, würde ich längst in der Dunkelheit verschwunden sein. Ob meine Annahmen allerdings richtig sein und die Wachen nicht dennoch schießen würden – darüber wollte ich gar nicht lange nachdenken.

Als ich mein Ziel erreicht hatte, tauchte ich meinen Teller in die Tonne, zog ihn wohlgefüllt heraus, legte mich so flach wie möglich seitlich auf den schmutzigen Boden und verputzte alles, was sich im Teller befand. Danach füllte ich den Teller erneut, um Vater eine Portion zu bringen.

Einige Nächte lang funktionierte das reibungslos und wir konnten unseren permanenten Hunger ein wenig besser stillen. Vater holte ich jedes Mal aus dem Block an einen verborgenen Ort, an dem ich den Teller versteckt hatte, und bat ihn, alles an Ort und Stelle aufzuessen, denn ich wollte keine Spuren hinterlas-

sen. Ich habe ihm jedoch nie erzählt, woher ich das Essen hatte.

Irgendwann muss jemand etwas bemerkt haben. Vielleicht war ein Fetzen meiner Häftlingskleidung an dem Stacheldraht hängen geblieben oder etwas anderes war den Wachen aufgefallen. Jedenfalls schloss man die Tonne ab jenem Zeitpunkt in einen Schuppen, der neben dem Schweinestall stand, ein. Und da der Schuppen sich hinter dem Stacheldraht befand, war meine »Lebensmittelquelle« fortan versiegt.

Nicht wenige bezahlten mit dem Leben für ihren Futterdiebstahl bei den Schweinen, darunter einer namens Schwimmer, der auf frischer Tat ertappt und auf Befehl von Lagerleiter Sedlak hingerichtet wurde.

Von Natur aus empfand ich mich nie als besonders mutig, und wenn ich mir im Nachhinein diese Taten in Erinnerung rufe, kann ich selbst kaum glauben, wie ich die Kühnheit aufbrachte, mein Leben aufs Spiel zu setzen. Tatsächlich hatte ich wohl gedacht, es sei besser, von einer Kugel hingestreckt zu werden, als hungers zu sterben.

Ans Lagertor wurde manchmal ein Liegestuhl mit einem getöteten Häftling gestellt, dem man ein Schild auf die Brust gehängt hatte: »Das geschieht einem Häftling, der Essen stiehlt oder zu fliehen versucht!«

*

Die Görlitzer WUMAG-Werke trugen viel zu Hitlers Kriegsmaschinerie bei. Hergestellt wurden unter anderem Flugzeugmotoren, Dieselmotoren für Lastwagen, Pumpen, optische Geräte, Granaten und Panzerwagen. Als Zwangsarbeiter dienten vor allem Kriegsgefangene und auch jüdische Häftlinge, für die man das Lager Görlitz-Biesnitzer Grund erbaut hatte. Der Obermeister war für die Werkhalle verantwortlich, und für jede Abteilung gab es einen Meister als Vorarbeiter. Die Meister trugen eine Hakenkreuzbinde am Ärmel. In den Werkhallen wurden die Arbeiter von bewaffneten Soldaten bewacht, die keinen Moment den Blick von ihnen wandten. Mein Vater und ich wurden der Schweißabteilung des Waggonbaus zugeteilt. Wir verschweißten Eisenplatten und schnitten mit dem Schweißbrenner Blechteile zu. Zum Glück lernten wir das Handwerk schnell. So konnten wir lange an einem Ort bleiben.

In der Halle, in der wir arbeiteten, waren auch einige Frauen beschäftigt. Unter ihnen entdeckte ich Pessil-Leah, die Tochter des Rabbiners aus Nyírbátor, die noch in Majdan eine gute Freundin meiner Mutter gewesen war. Sie hatte auch ihre Cousine Fejge dabei. Ich konnte den beiden nicht nahe kommen. Wir verständigten uns nur mit Gesten.

Es gab auch französische und italienische Zwangsarbeiter, die jedoch unter anderen Bedingungen lebten. So wohnten sie in einem getrennten Lager, wurden besser verpflegt und trugen blaue Overalls. Manchmal steckten sie uns belegte Brote zu, vor allem den Frauen. Das »Zumogeln« von Broten geschah durch künstlich inszenierte Streitereien und Handgemenge, welche die Blicke der Bewacher auf sich lenkten, während andere unterdessen die Lebensmittel weitergaben. Wenn die Deutschen die Ursache des Streits aufklären wollten, antworteten die Italiener, »Nix verstehn!«, obwohl einige sehr wohl Deutsch konnten.

Wann immer möglich, versuchten wir die Produktion soweit wie möglich zu behindern. Wenn zum Beispiel der Lötzinn zu Ende ging, bohrten wir ein Loch in die Wand, schütteten den letzten Rest hinein und sangen den Meistern im Chor: »Kein Zinn! Kein Zinn!« Eine andere Gruppe wiederum sorgte dann und wann irgendwo für Kurzschluss. Nicht immer ging das gut und jene, die die Deutschen beim Sabotieren erwischten, wurden umgehend hingerichtet. Als wir einmal zur Arbeit kamen, sahen wir eine Gruppe tschechischer Zwangsarbeiter mit erhobenen Händen in der Eingangshalle vor dem Haupttor der Werkhalle auf dem Boden sitzen, umringt von Gestapo-Leuten. Obschon diese Männer zivil trugen, nahm ich an, dass es sich um die Gestapo handeln musste, denn später erfuhr ich, dass die Tschechen der Spionage verdächtigt wurden. Die Deutschen hatten nämlich ein Funkgerät entdeckt, das wohl die Anzahl der produzierten Fahrzeuge an den Feind weitergegeben hatte. Die gesamte Gruppe wurde kurzum hingerichtet.

Der für mich zuständige Meister war ein einfacher und grobschlächtiger Mann, dessen Name mir entfallen ist. Täglich schimpfte und brüllte er uns in

einer Art und Weise an, sodass wir alle vor ihm zitterten. Doch eines Tages tat er etwas, das ich bis heute
nicht verstanden habe. Er forderte mich auf – natürlich wieder schreiend –, ihm eine bestimmte Schrau-
be aus dem Lager zu holen, und erklärte mir genau,
in welcher Schublade ich sie finden würde. Als ich
die betreffende Schublade aufzog, lag dort ein beleg-
tes Brot in Packpapier zwischen den Schrauben. Ich
aß es schnell und kehrte an den Arbeitstisch zurück.
Diesmal konnte ich das Brot nicht mit meinem Vater
teilen, denn ich wollte den Meister und mich nicht
gefährden. Bei anderer Gelegenheit waren der Meister und ich allein im Lager. Plötzlich sagte er mir, ich
solle ihm meine Hände zeigen. Ich war so erstaunt
über sein Ansinnen, dass ich, ohne darüber nachzu-
denken, was das sollte, tat, was er verlangt hatte.

Er schaute sich meine Hände an, dann zählte er
meine Finger an der rechten Hand und sagte: »Du
hast doch genauso fünf Finger wie ich. Warum bist
du dann hier?«

»Das frage ich mich auch«, antwortete ich.

An seinen Namen kann ich mich, wie gesagt, nicht
mehr erinnern, aber dass er ein guter Mensch war –
an das erinnere ich mich bis zum heutigen Tag sehr
wohl.

Das Gespenst

Gelegentlich besuchte eine »SS-Kommission« die Fabrik, um die Leistungsfähigkeit der Häftlinge zu überprüfen. Wer als »Muselmann« eingestuft wurde, wurde von der Werkbank weggeholt und gewogen. Muselmänner – das waren in der Lagersprache der Konzentrations- und Vernichtungslager die Menschen, die sich kurz vor dem Hungertod befanden. Niemand weiß bis heute so ganz genau, warum sie so genannt wurden. Es gibt verschiedene Theorien dazu. Eine, die ich gehört habe, ist, dass viele derer, die vom Hunger geschwächt und so sehr abgemagert waren, dass sie fast keine Muskeln mehr hatten und demzufolge nur noch in gekrümmter Haltung gehen konnten und wie die Frauen, die oftmals Kopftücher trugen und irgendwann nur noch apathisch auf dem Boden saßen, dass diese Haltung also sehr an betende Muslims erinnerte (oder eben »Muselmänner«, wie man diese zu früheren Zeiten nannte). Ich weiß allerdings nicht, ob diese Deutung wahr ist.

Was ich jedoch aus eigener Erfahrung sehr deutlich schildern kann, sind die Folgen des Hungers und wie diese einen Mensch verändern: Die Haut wird rissig wie altes Pergamentpapier und spannt sich über das Gerippe, sodass man meint, ein lebendes Skelett vor sich zu haben. Zudem schwollen die Beine bei manch einem so grotesk an, als sei er halb Mensch, halb Elefant. Bei anderen war der Bauch so aufgebläht, dass man glaubte, er schwebe gleich wie ein Luftballon gen Himmel davon. Dies waren nur einige der äußeren Merkmale, dass man kurz vor dem Hungertod stand.

In diesem Stadium ist der Hunger so stark, dass man einfach alles essen würde – und ich meine wirklich alles! Aber schon wenig später beginnt man apathisch zu werden und verfällt bald darauf in Agonie – und stirbt.

*

Ein Mensch, der das Stadium eines »Muselmanns« erreicht hatte, war praktisch schon so gut wie tot, denn wer in diesem Stadium nicht schon an Entkräftung, Hunger oder Krankheit verendet war, den selektierte die SS oder die Gestapo zur Tötung in den Gaskammern.

Die Methode, die bei uns zur Selektion angewandt wurde, war sehr einfach: Man stellte die potenziellen »Muselmänner« auf die Waage, und wer weniger als 30 Kilo wog, wurde zur »Entsorgung« ins Krematorium geschickt.

Bei einer dieser Selektionen wurde ich zusammen mit zwölf anderen Häftlingen ausgesondert. Keiner von uns brachte noch 30 Kilogramm auf die Waage. Ich hörte die Kommissionsmitglieder miteinander reden und sagen: »Die können ohne Wachen ins Lager zurückgehen und morgen werden sie nach Groß-Rosen ins Zentralkrematorium geschickt.«

Damit schien mein Schicksal ein zweites Mal besiegelt!

Ich vermag meine Gedanken und Gefühle in jenem Augenblick nicht gänzlich zu rekonstruieren. Auf dem ganzen Weg von der Fabrik zum Lager redeten wir kein einziges Wort. Jeder hing seinen Gedanken nach. Ich hatte Momente, in denen ich dachte: ›Was soll's? Besser so! Wenigstens brauche ich nicht mehr Hunger zu leiden, nicht mehr zu frieren, keine Schläge mehr … und auch keine Angst mehr.‹

Mir war in diesem Augenblick gar nicht bewusst, dass ich von Vater nicht Abschied genommen hatte. Doch selbst wenn es mir in jenem Augenblick eingefallen wäre, wäre es mir wahrscheinlich absolut egal gewesen. Das kam von der Gleichgültigkeit, die sich meiner bemächtigt hatte. Irgendwie dachte ich nur an Mutter, und ein einziger Gedanke, ein Wunsch, so mächtig wie kein anderer in meinem Leben, erfasste mich, als ich dachte: ›Ich möchte Mutter noch einmal sehen, bevor ich sterbe!‹ Je mehr sich dieser Gedanke, dieser sehnsüchtige Wunsch, meine Mutter, meine »Mamme«, bloß für einen kurzen Augenblick noch einmal sehen zu können, sich meiner bemächtigte, je mehr ich mir wünschte, bloß einmal noch ihre sanften Lippen auf meinem Haar zu spüren, wenn sie mich als Kind in den Schlaf küsste, je stärker dieses Verlangen in mir wuchs, desto weicher wurden meine Knie, bis ich kaum mehr gehen konnte und schwankend wie ein Boot in einem gewaltigen Sturm mich an den

Bäumen, die den Weg säumten, abstützen musste, um nicht zu Boden zu fallen. Ja, ich war derart gleichgültig, dass ich nicht einmal daran dachte zu fliehen oder irgendwo Unterschlupf zu erbitten. Ich taumelte wie betrunken meinen todgeweihten Mithäftlingen nach. Es regnete in Strömen, ich rutschte auf dem glitschigen Boden aus und fiel hin. Zunächst wollte ich einfach liegen bleiben und warten, bis ein SS-Mann käme und mich mit einer Kugel von meinem Dasein erlösen würde. Doch dann rappelte ich mich unendlich langsam wieder hoch … und sah mein Spiegelbild in der Pfütze, die sich im schlammigen Boden gebildet hatte.

Was ich sah, werde ich mein Leben lang nicht mehr vergessen: Ein *Etwas* starrte mich an, ein *Etwas*, das aussah wie ein Dämon, ein *Jemand* spiegelte sich in der Pfütze, totenbleich und mit aufgerissenem Mund.

›Nein, das bin nicht ich‹, schoss es mir durch den Kopf. ›Das dort kann unmöglich ich selbst sein!‹, schrie eine innere Stimme in meinem Kopf.

Denn ich konnte in dem, was ich sah, nicht das erkennen, was ich vor noch nicht so langer Zeit gewesen war: Dort war kein junger, kräftiger Körper eines Siebzehnjährigen zu sehen, kein hübsches Gesicht mit blauen Augen und dunklen, vollen Haaren schaute mich an, keine vollen Lippen, die schon immer das Interesse von Mädchen geweckt hatten – was ich dort in der Pfütze sah, war eine alte, kahlköpfige Fratze mit einem furchtsamen Blick, der mich aus tiefschwarzen Augenhöhlen anstarrte. Und als ich wankend aufstand, immer noch in die Pfütze starrend, erkannte

ich einen knochigen Körper, der sich platt unter den Häftlingskleidern abzeichnete. Das, was ich geworden war, was sie aus mir gemacht hatten – war kein Mensch mehr, sondern ein lebender Toter!

Mit gesenktem Kopf, kaum eines Gedankens mehr fähig, torkelte ich meinen Kameraden nach. ›Zeit zu sterben‹, dachte ich und war froh, dass es bald vorbei sein würde.

Als wir jedoch das Lagertor passierten, geschah etwas, das ich mir bis heute nicht erklären kann: Plötzlich ging ein »innerer Ruck« durch meinen Körper. Ganz so, als sei alles in mir unter Starkstrom gesetzt worden, so, als hauche mir etwas Unbegreifliches für einen Moment übermenschliche Kräfte, oder besser gesagt, einen unbändigen Lebenswillen ein. Ein inneres Aufbäumen bemächtigte sich meiner, wie ich es noch nie zuvor erlebt hatte, und irgendeine Stimme tief in mir drin schrie mich an: »Kämpfe, Shlomo … gibt nicht auf!«

Meine todgeweihten Kameraden und ich standen in einer Reihe auf dem Appellplatz und warteten darauf, dass man uns abholen und in das Vernichtungslager und in die Gaskammern abtransportieren würde. Derweil tobten in meinem Inneren ein unsichtbarer Sturm und die Stimme in meinem Kopf, die mir immer wieder zuzurufen schien: ›Gib nicht auf … Gib nicht auf Shlomo Graber!‹

Plötzlich sah ich einen schon älteren deutschen Oberfeldwebel, zumindest glaubte ich erkannt zu haben, dass es ein Oberfeldwebel war, jedenfalls ein Hüne von einem Mann, einen Tisch auf den breiten Schultern tragend, an uns vorbei und zügigen Schrittes in Richtung Küche gehen. Was ein Wehrmachtssoldat hier tat, darüber habe ich in jenem Augenblick nicht nachgedacht. Jedenfalls hatte er keine SS-Uniform an, das weiß ich noch ganz genau. Instinktiv ergriff ich ein Tischbein und ging, mich ans Tischbein klammernd, hinter dem Oberfeldwebel her. ›Sie werden es bemerken‹, dachte ich mehr unbewusst denn bewusst. Mein dünner Körper zitterte wie Espenlaub, während ich ein paar Mal fast hingefallen wäre, weil der Oberfeldwebel einen zackigen Schritt an den Tag legte. ›Gleich wird mich eine Kugel treffen von hinten‹, dachte ich, während ich jeden Moment mit dem Einschlag in meinem Rücken oder meinem Kopf rechnete.

Plötzlich blieb der Oberfeldwebel stehen. Die Wachen, die an der Sperre zur Küche standen, waren noch etwa zehn Meter entfernt.

›Jetzt bist du dran‹, schoss es mir durch den Kopf, während sich der Oberfeldwebel, dessen Namen ich nie erfahren habe, langsam umdrehte und mich einen ewig scheinenden Moment mit seinen tiefblauen Augen anschaute. Bevor ich auch bloß ein einziges Wort zwischen meinen zitternden Lippen hervorbringen konnte, legte der Hüne seinen mächtigen Zeigefinger auf seine Lippen und bedeutete mir damit, ich solle einfach schweigen.

So durchschritt ich mit ihm die Sperre zur Küche der Deutschen, die isoliert vom Lager stand. In der

Küche angekommen, stellten wir den Tisch ab. Der Oberfeldwebel drehte sich langsam um, und ich war in jenem Augenblick absolut überzeugt davon, dass er mich entweder erschießen oder gar mit einer der großen Kochkellen, wie einen räudigen Hund, erschlagen würde.

Endlose Sekunden verstrichen. Die Situation war unwirklich: Vor dem riesigen Kochherd stand ein Mann mit einer hohen weißen Mütze, der Koch wohl, wie man unschwer erkennen konnte, regungslos da und harrte der Dinge, die passieren würden. Mitten in der Küche stand der Tisch, den wir abgestellt hatten – auf der einen Seite der hünenhafte deutsche Oberfeldwebel und auf der anderen Seite ich, der aussah wie ein hohlwangiges Gespenst, dessen Körper so ausgemergelt war, dass meine Häftlingskleidung mich aussehen lassen musste wie eine von Wind und Wetter zerpflückte Vogelscheuche.

Der Oberfeldwebel starrte mich immer noch regungslos an … Dann atmete er ein paar Mal tief ein und aus. Ich schloss meine Augen und dachte: ›Jetzt ist es so weit, Shlomo. Die letzte Stunde hat geschlagen.‹ Ich musste an Mutter denken, an die Worte, die sie mir im Viehwaggon ins Ohr geflüstert hatte. So gerne hätte ich in diesem Augenblick daran geglaubt, dass Liebe in der Tat stärker als Hass sei, aber hier in der Hölle schien dies nicht zu gelten. Plötzlich spürte ich eine Hand auf meiner Schulter.

Ohne dass ich es bemerkt hatte, war der Oberfeldwebel, erstaunlich leise und flink, um den Tisch gegangen und stand, seine Hand auf meiner Schulter, vor mir. Ich schaute ängstlich zitternd zu ihm hinauf. Er schaute mich mit seinen blauen Augen noch einen ganz kurzen Augenblick an, dann drehte er sich zum Koch um und sagte mit seiner tiefen Stimme: »Der hier ist ab jetzt dein Gehilfe.«

Dann drehte er sich, ohne mich nochmals anzuschauen, um und ging hinaus.

Es war ein jüdischer Koch namens Salzer aus der slowakischen Stadt Košice. Er sprach mich auf Ungarisch an und gab mir einen Topf zum Scheuern. Ich sollte mich auf den Boden setzen und langsam den Topf polieren, und falls jemand käme und mir Fragen stellte, sollte ich antworten, ich sei Ungar und von Haus aus Koch.

Innerhalb kurzer Zeit gewann ich das Vertrauen des alten deutschen Oberfeldwebels, der für die Proviantversorgung der Küche zuständig war. Er nahm mich mit ins Proviantlager, um Lebensmittel zu holen. Salzer warnte mich, nicht sofort viel zu essen, sondern erst nach und nach, um mich nicht zu gefährden. Ich hielt mich an seinen Rat, denn wenn man im Zustand der völligen Unterernährung zu schnell etwas zu sich nimmt, stirbt man unweigerlich.

Ich weiß bis heute nicht, warum der alte Oberfeldwebel mich nicht verraten hat. Eines jedoch wurde mir in diesem Augenblick bewusst – auch in der schlimmsten Hölle, auch unter denen, die sich allesamt wie Bestien benahmen, gab es die Guten, deren Herz nicht gänzlich von Hass zerfressen war.

Mutter hatte recht behalten, und ich schwor mir, ihren Glauben auch den meinigen werden zu lassen – bis ans Ende meines Lebens!

*

In der Küche versuchte ich, mich möglichst unsichtbar zu machen, denn ich fürchtete, Jakob Tannenbaum könnte entdecken, wo ich abgeblieben war. Ich fand mich gut in die Küchenarbeit ein. Mit Salzers Hilfe wurde ich von dem alten Deutschen eingestellt, der fortan nicht mehr ohne mich ins Proviantlager ging. Ich begleitete ihn, eine weiße Schürze umgebunden. Während er auf die Leiter stieg, konnte ich mir ein paar Lebensmittel besorgen. Manchmal schenkte er mir auch einige Kleinigkeiten.

Nach einem Monat musste ich zum Appell antreten. Ich erschien mit weißer Schürze und Mütze. Von Weitem erkannte mich Vater und wäre vor Überraschung beinahe in Ohnmacht gefallen. Er hatte nicht im Traum gedacht, mich wiederzusehen, war sicher gewesen, ich hätte das Schicksal der anderen Häftlinge geteilt, die einen Tag nach der Selektion ins Krematorium Groß-Rosen geschickt worden waren.

Als es mir gelang, an Vater heranzukommen, sagte er: »Du musst sieben Leben haben, mein Sohn. Ich hatte schon das Totengebet für dich gesprochen.«

Bela Fetmann war Uhrmacher und Goldschmied in Nyírbátor gewesen. Ich hatte ihn jedoch immer schon Fetmann Bácsi, was im Ungarischen eigentlich Onkel Fetmann bedeutet, genannt. Fetmann war jedoch gar nicht mein Onkel, aber man verwendete diesen Ausdruck, zu jener Zeit zumindest, als Zeichen des Respekts, wenn ein Mann schon alt und man selbst viel jünger war. Wegen seiner sprichwörtlichen Ehrlichkeit brachten selbst die Nichtjuden am Ort ihre Uhren lieber zu Bela Fetmann als sonst wo hin. Manche kamen sogar von weither, um ihre Uhr von Fetmann reparieren zu lassen, denn sie wussten, dass er sie nicht übers Ohr hauen würde. Fetmann war gläubig, gehörte aber nicht den ultraorthodoxen Kreisen an. Er war ein verantwortungsvoller Vater, und so schickte er seine Söhne zur Ausbildung nach Budapest … und rettete ihnen dadurch das Leben. Alle drei wanderten später nach Israel aus.

Fetmann teilte im Lager Görlitz das Bett mit meinem Vater. Ich »wohnte« in einem anderen Block, besuchte die beiden aber bei jeder Gelegenheit, die sich bot.

Fetmann besaß neben seinem Thorawissen auch eine fundierte Allgemeinbildung. Bereitwillig und selbstlos gab er sein Wissen weiter, dadurch habe ich sehr viel von ihm gelernt in der Zeit, da wir zusammen im KZ-Lager waren. Zudem war Fetmann ein Mensch, der seine Würde und Menschlichkeit auch unter widrigsten Umständen um jeden Preis zu wahren suchte und dies auch täglich unter Beweis stellte.

Ich entsinne mich einer Episode, die mir unvergessen geblieben ist: Wenn ich Nahrung besorgen oder während meiner Arbeit in der Küche von dort etwas Essbares für meinen Vater mitbringen konnte, gab ich immer auch Fetmann etwas davon ab und sagte: »Hier, nimm, Fetmann Bácsi, das wird dir schmecken!«

Dieser blieb aber selbst bei schlimmstem Hunger bescheiden und mochte kaum etwas annehmen.

»Das ist doch für deinen Vater bestimmt, mein Junge«, pflegte er in seiner sanften Art zu sagen.

Eines Nachts ergatterte ich aus der Küche zwei schöne Portionen Pferdefleisch. Ich versteckte diese unter der mir, zum Glück, schon viel zu weiten Häftlingskleidung, schlich mich an den schläfrigen SS-Wachen vorbei und brachte die beiden Portionen zu meinem Vater und Fetmann. Beide versteckten das Fleisch unter ihren Betten, um es am nächsten Abend zu verzehren.

Am nächsten Abend jedoch stellte Vater fest, dass jemand ihm seine Portion gestohlen hatte. Er war so verzweifelt, dass er sich weinend zusammenkauerte. Ich versuchte Vater zu trösten, legte meine Hand auf seine Schulter und sagte: »Weine nicht, Vater, ich werde heute Nacht versuchen, ein neues Stück Fleisch aus der Küche zu stehlen.«

Plötzlich stand Fetmann vor uns, kramte sein Stück Fleisch unter seiner Jacke hervor und hielt es Vater hin: »Hier, Mozes, nimm meines.«

Ich war nicht einverstanden und sagte protestierend: »Nein, Fetmann Bácsi, das ist dein Stück.«

Dieser lächelte, setzte sich neben Vater aufs Bett und antwortete: »Dann teilen wir es auf.«

Ich habe selten danach in meinem Leben jemanden getroffen, der so selbstlos handelte, wie es Fetmann Bácsi immer wieder tat.

Der Hauptkoch der Häftlingsküche hieß Gustav. Alle nannten ihn jedoch nur »Schlachter Gustav« – hinter seinem Rücken natürlich, denn Schlachter Gustav war ein äußerst brutaler Mensch. Außer seinem Vornamen und der Tatsache, dass er aus Polen stammte, weiß ich nichts über seine Vorgeschichte. Gustav sprach Jiddisch und Polnisch, sah aber überhaupt nicht jüdisch aus. Mit seiner glänzenden Glatze und der gefurchten Stirn hatte er eher mongolische Züge. Sein Auftreten war derb und vulgär. Jeder Satz, der aus seinem Mund kam, war mit den fürchterlichsten Flüchen gewürzt.

Und auch wenn er nicht in der Küche arbeitete, lief er mit seiner weißen Schürze herum, um seinen Stand herauszukehren. Beim Essenausteilen stand er mit seiner Kelle vorn und gab jedem einen Schlag trüber Brühe, ein Gebräu aus Unkräutern, Steinchen und Sand, das als Suppe bezeichnet wurde. Aber wehe dem, der es wagte, um einen Zuschlag zu bitten oder sich vorzudrängeln! Umgehend knallte Gustav demjenigen seine Keule unter den wüstesten Beschimpfungen auf den Schädel.

Als ich eines Abends meine Schicht in der Küche der Deutschen beendet hatte, gelang es mir erneut, ein Stück Pferdefleisch hinauszuschmuggeln, das ich Vater und Fetmann Bácsi mitbringen wollte. Unterwegs stieß ich auf Schlachter Gustav. Er entdeckte das Fleisch und begann fluchend auf mich einzudreschen, bis ich mit blauen Flecken übersät war und zu Boden sackte. Zum Abschluss versetzte er mir einen Tritt in den Bauch und zischte: »Wenn ich dich nochmals erwische, schlag' ich dich tot, du Hund!«

Und natürlich konfiszierte er den Brocken, aber ansonsten kam ich noch einmal glimpflich davon.

Dies hielt mich jedoch nicht davon ab, auch weiterhin bei sich bietenden Gelegenheiten Essen aus der SS-Küche zu stehlen. Bei einer anderen Gelegenheit gelang es mir, ein paar Kartoffeln unter meiner Jacke verschwinden zu lassen. Diese brachte ich dann nachts zu Fetmann und meinem Vater.

Da sagte Fetmann: »Shlomo, du bist wirklich ein guter Mensch! Ich habe daheim viel Gold vergraben. Wenn wir hier rauskommen, verspreche ich dir, dass du alles bekommst, mein Junge!«

Doch dieses Versprechen konnte Fetmann Bácsi nicht halten, denn er starb kurz vor der Befreiung an Entkräftung und Hunger.

*

Doch eines Tages entdeckte mich Jakob Tannenbaum und fragte, was ich machte. Ich war klug genug zu antworten, er solle den alten Oberfeldwebel fragen, der ja als eine Art »Küchenaufseher« fungierte. Aber Tannenbaum schien das nicht zu wollen – wahrscheinlich fürchtete er den Oberfeldwebel zu sehr.

Es war erste Mal, dass ich keine Angst mehr vor Tannenbaum hatte. Auch sein Verhalten mir gegenüber änderte sich von jenem Tag an schlagartig: Er war immer höflich zu mir und schmeichelte sich bei mir ein. Natürlich nur aus einem einzigen Grund: um Lebensmittel von mir zu bekommen.

Ich schloss also ein Abkommen mit ihm: Ich würde ihm Lebensmittel aus der Küche »besorgen«, was natürlich diese zu stehlen bedeutete und wofür man umgehend erschossen wurde, wenn man von einem SS-Mann dabei erwischt wurde. Im Gegenzug jedoch müsse Tannenbaum meinen Vater für einige Zeit aus der Fabrik holen und ihn auf dem Lagerhof beschäftigen, denn ich fürchtete, Vater könnte einer ähnlichen Selektion wie ich zum Opfer fallen und getötet werden. Wenn Vater im Lager arbeiten könnte, wäre dies einerseits nicht so anstrengend wie in der Fabrik und andererseits könnte ich ihn auch mit Nahrung unterstützen.

Tannenbaum willigte in unser Abkommen ein und Vater bekam die Aufgabe, den Hof in Küchennähe zu reinigen. Als Gegenleistung stahl ich einfach doppelt so viele Lebensmittel wie zuvor und gab jeweils die Hälfte dem Kapo Tannenbaum ab. Dass ich dabei jedes Mal mein Leben riskierte – das war mir bewusst, aber ich verdrängte einfach meine Angst, indem ich mir immer wieder einredete: »Wir werden leben, sobald wir befreit werden – eines Tages kommen wir hier wieder lebend raus!«

Einmal gelang es mir sogar, für Vater ein Paar Lederschuhe zu ergattern, die ich ihm mit großer Freude überreichte. Als er sie anzog, sagte er, er hätte schon vergessen, wie es sich in normalen Schuhen ginge. Einige Tage später kehrte Vater von Grabarbeiten zurück – mit Holzschuhen an den Füßen!

Ich rannte zu ihm, fragte erstaunt: »Wo sind die Lederschuhe geblieben, die ich dir besorgt hatte?«

»Ich habe sie für einen Dollar verkauft, den ich jetzt in meiner Kleidung versteckt halte«, antwortete er ganz leise und nicht ohne einen gewissen Stolz in seiner Stimme.

»Und was zum Teufel kannst du dir hier drinnen für einen Dollar kaufen, Vater?!«, zischte ich zornig ob seiner Geldgier und Dummheit zurück.

»Mit Geld kann man alles kaufen auf der Welt, du dummer Junge«, antwortete er halb verlegen und halb überheblich.

Seine Antwort brachte mich so in Rage, seine Ignoranz darüber, dass ich, sein eigener Sohn, mein Leben dafür riskiert hatte, um ihm Schuhe zu besorgen, seine Dummheit und Geldgier, die Schuhe, die Gold in dieser Hölle wert waren, für einen lumpigen Dollar zu verkaufen – all dies schien ihm gar nicht in den Sinn gekommen zu sein. Ich kochte richtiggehend vor Wut. Geld hatte im Lager keinerlei Bedeutung! Ich hatte mein Leben für die Schuhe riskiert … Weiter kamen meine Gedanken ob meiner Wut nicht – es war das erste Mal in meinem Leben, dass ich meinem Vater eine klatschende Ohrfeige versetzte!

Meine Aufgabe in der Küche bestand, unter anderem, auch im Schrubben der großen Kessel, in denen für die deutschen Wachen gekocht wurde. Die Töpfe standen in einer Reihe, waren achtzig Zentimeter hoch und hatten alle einen Deckel mit mechanischem Hebewerk. Vor allem musste ich die Außenwände aus Edelstahl auf Hochglanz bringen. Der alte deutsche Oberfeldwebel gab jeweils eigenhändig die Margarine ins Essen.

Ich begleitete ihn immer mit dem Margarinetablett, bewahrte jedoch jedes Mal das Einwickelpapier auf, und während er zum nächsten Topf weiterging, fischte ich mit einem Löffel die halb geschmolzene Margarine wieder heraus, wickelte sie in Papier und warf sie unter den Kessel, um diese dann später, wenn ich unbeobachtet war, wieder unter dem Herd hervorzuholen und in die Baracken mitzunehmen.

Einmal konnte ich sogar zwei Eier aus dem Hühnerstall des Lagerkommandanten ergattern, briet diese mit der Margarine zu Rühreiern und packte das Ganze in Papier ein. Mitten in der Nacht weckte ich Vater dann vorsichtig auf, und wir schlichen uns leise nach draußen an ein verstecktes Plätzchen hinter der Baracke. Wir aßen gemeinsam die längst kalten Rühreier aus dem Papier mit solch einem Genuss, als sei es ein fünfgängiges Sterne-Menü.

Und ich weiß noch, wie Vater sagte: »Du kochst besser als deine Mutter!«

*

Die Leute der Lagerverwaltung beschlossen eines Tages, einen Unterhaltungsabend zu veranstalten. Sie wussten, dass unter den Juden begabte Menschen waren, darunter auch solche, denen die deutsche Kultur nicht fremd war. Bis heute begreife ich nicht, wieso sie einen gemischten Vergnügungsabend zuließen, das heißt, gemeinsam für »arische« Deutsche und jüdische Häftlinge. Viele unter uns hatten Angst mitzumachen, aus Furcht vor angetrunkenen Deutschen, die in diesem Zustand gefährlich aggressiv werden konnten. Doch als sie dann jeweils besoffen waren, sangen sie mit uns jiddische Lieder, die saftige Flüche gegen sie und ihr Regime enthielten. Aus Deutschland stammende Juden verfassten ein Lied, das zur Lagerhymne avancierte. Den Text habe ich aus dem Gedächtnis zusammengesucht:

Wenn der Tag erwacht,
Die Sonne lacht,
Die Kolonnen ziehen
In des Tages Mühen
Im Morgengrauen …
Oh Zwangsarbeit,
ich werde dich nie vergessen,
Weil du mein Schicksal bist.

Der Todesmarsch

Im Sommer 1944 starteten die Alliierten ihre Offensive gegen das Dritte Reich, das noch immer 750000 Personen in seinem riesigen, doch zunehmend verwundbar gewordenen Netz von Konzentrationslagern festhielt. Die heftigen Kämpfe sollten bis zur Kapitulation Deutschlands im Mai 1945 anhalten.

Anfang November 1944 veranlasste die sich verschlechternde militärische Lage die Nazis, die Vergasungen in Auschwitz-Birkenau einzustellen und die Massenmorde, die sie dort begangen hatten, nach Möglichkeit zu vertuschen. Was die in den Konzentrationslagern verbliebenen Häftlinge betraf, so war den Nazis klar, dass dieses Arbeitskräftepotenzial – und nicht zuletzt die verheerenden Zeugenaussagen, die diese Männer und Frauen machen konnten – in die Hände der Alliierten gelangen würden, wenn man die Gefangenen nicht evakuierte.

Früher hatten die Nazis die Juden und andere Gefangene in Lastwagen und Eisenbahnwaggons transportiert, aber auch Zwangsmärsche hatte es während des gesamten Krieges gegeben. Besonders in den Jahren 1944 und 1945, als andere Transportmittel knapper als je zuvor waren, ordneten die Nazis Fußmärsche über große Entfernungen an, um die Häftlinge der Konzentrationslager aus der Reichweite der Alliierten zu bringen und sie zu Arbeitseinsätzen zu verlegen. Diese Todesmärsche wurden im Laufe der Zeit immer brutaler, mörderischer – und sinnloser. Hungrig, krank, verwundet und dem bitterkalten Winterwetter ausgesetzt, mussten die Häftlinge unter Bewachung marschieren, wurden erschossen, wenn sie taumelten, oder einfach zum Sterben an Ort und Stelle liegen gelassen, wenn sie vor Erschöpfung zusammenbrachen. Auch in den letzten Kriegsmonaten, als bereits feststand, dass Hitlerdeutschland zum Untergang verurteilt war, ließen die Nazis ihre Gefangenen ziellos und ohne Erbarmen von einem Ort zum anderen marschieren.

Auf den Todesmärschen, die die deutschen Nazis in der Agonie ihrer Niederlage befohlen hatten, kamen insgesamt zwischen 250000 und 375000 Häftlinge ums Leben, die meisten von ihnen Juden. Am 27. Januar 1945 befreite die Rote Armee das Konzentrationslager Auschwitz, aber nur 7000 Überlebende wurden noch im Lager angetroffen.

*

Der Ausdruck »Todesmarsch« bürgerte sich auch bei den Lagerhäftlingen ein. Abertausende mussten wochenlang marschieren, wobei die Nazis die jüdischen Häftlinge nicht nur vernichten, sondern auch quälen wollten. Für mich war es die schwerste Zeit meiner gesamten Gefangenschaft.

Als die Rote Armee näherrückte, befahl am 11. Februar 1945 der Görlitzer NSDAP-Kreisleiter Malitz die

Evakuierung des Lagers mit den Worten: »Wenn die Stadt unter der Belagerung leidet, werde ich die Anwesenheit von Juden hier nicht dulden!« Die Evakuierung betraf mehrere Lager. Zu uns kamen Häftlinge aus dem Lager Bunzlau, 65 Leute, die besser aussahen als wir. Unglücklicherweise wurde ihr Lager erst einige Stunden nach ihrem Abmarsch erobert.

Es ging das Gerücht, unser Ziel sei Tirol. Ähnliches erzählten die Häftlinge aus Bunzlau. Die Deutschen holten Karren aus der Stadt, auf die sie ihren Proviant und ihr Gepäck luden. Die Häftlinge erhielten Befehl, auf dem Appellplatz anzutreten, ausgerüstet mit einer Wolldecke, einem dünnen, kleinen Brotbeutel, der auf Jiddisch »Broittarbele« hieß, und einem Blechteller.

Der Lagerälteste Tschech erklärte, wer nicht marschtauglich sei, solle seitlich heraustreten. 300 traten heraus. Tschech fragte sie, ob sie marschbereit wären, wenn er ihnen bessere Holzschuhe verschaffe. 100 bejahten. Tschech beorderte sie in Block 2. Als alles zum Abmarsch bereit war, betrat Tschech diesen Block, nahm den Leuten Schuhe, Wolldecke und Jacke ab, schickte sie in die Februarkälte hinaus und ließ sie anstelle von Pferden die beladenen Karren ziehen.

Alle Lagerhäftlinge, Männer und Frauen (außer den 200 Kranken), warteten auf den Abmarschbefehl. Eine SS-Einheit, darunter auch Ukrainer, die für ihre Grausamkeit und ihren Judenhass berüchtigt waren, marschierte als Begleitwache ins Lager ein.

An jenem Tag hatte ich die ganze Nacht gearbeitet und war angezogen auf dem Bett eingeschlafen. Ich schlief so fest, dass ich nichts von dem hörte, was um mich her vorging. Plötzlich bekam ich einen Schlag mit dem Gewehrkolben auf den Kopf. Vor mir standen drei SS-Männer, die Seitengewehre auf mich gerichtet, und ich hörte sie »Hände hoch!« brüllen. Der Kolbenschlag hatte mich verwundet, das Blut lief mir übers Gesicht. Ich musste mit erhobenen Händen hinausmarschieren, begleitet von den SS-Leuten. Diesmal glaubte ich wirklich, dies sei mein Ende, besonders als ich die vielen Schüsse ringsum hörte, genau wie auf einem Schlachtfeld. Ich dachte, gleich käme auch ich an die Reihe. Als die Evakuierung angekündigt wurde, hatten sich etwa 80 Häftlinge unter den Baracken versteckt, in der Hoffnung, bald kämen die Russen und würden sie befreien. Ich hörte Jakob Tannenbaum die Verborgenen auf Jiddisch herausrufen, dann wurden sie kaltblütig erschossen.

Mit jedem Schritt vorwärts, in Begleitung der SS-Wache, sah ich mich dem Grab näherkommen. Ich erwartete jeden Augenblick, dass sie mich erschießen würden wie die anderen Häftlinge, die Schutz unter den Baracken gesucht hatten. Der einzige, wenn auch absurde Gedanke, den ich in diesem Augenblick hatte, war: ›Hoffentlich schießen sie mir in den Rücken ... Dann sehe ich vielleicht mein eigenes Blut nicht so deutlich, wenn mich die Kugeln treffen.‹ Ich torkelte Schritt für Schritt vor mich hin – die Schritte der SS-Männer waren jetzt so dicht hinter mir, dass ich zu zittern begann und fürchtete, sie würden sich die Kugeln sparen und mir wie einem räudigen Hund den Schädel von hinten einschlagen. Ich wusste, dass Vater draußen war, und plötzlich bedauerte ich, nicht von ihm Abschied nehmen zu können. Aber zu meinem ungläubigen Erstaunen geschah – nichts! Sie führten mich einfach aus dem Lager hinaus zu den Abmarschbereiten. So entkam ich zum dritten Mal dem Tode. Ich werde nie begreifen, aus welchem Grund sie mein Leben schonten.

Als ich zu Vater trat, war er völlig verblüfft, denn er hatte sicher geglaubt, ich sei unter den 80 Häftlingen gewesen, die im Lager erschossen worden waren.

»Unglaublich«, stammelte er erstaunt, »erneut bist du aus dem Jenseits zurückgekehrt?«

Verbandszeug hatten wir nicht, aber mithilfe einiger Lappen gelang es den anderen, die Blutung an meinem Kopf zu stillen.

*

Der Marsch begann und die Wächter zeigten ungewöhnliche Nervosität. Sie fürchteten, unterwegs auf die Russen zu treffen und selbst in Gefangenschaft zu geraten. Unter den SS-Leuten, die uns bewachten, waren, wie gesagt, viele Ukrainer, die nun gewiss etwas zu befürchten hatten. Wenn sie den Russen in die Hände fielen, machten diese kurzen Prozess mit ihnen. Aber trotzdem hatten sie kein Erbarmen mit uns, sondern fuhren fort mit dem Quälen und Morden.

Ein eisiger Wind wehte, aber wir marschierten unverdrossen weiter. Die SS-Männer drängten zur Eile.

»Vorwärts, ihr Kanaillen, schnell!«

›Ja, warum auch nicht?‹, dachte ich. ›Wir sind ja eh zum Sterben hier.‹

Die Bewegung erwärmte uns zumindest, und das Blut zirkulierte rascher durch die Adern und nach einer Weile hatte man beinahe das Gefühl, zu neuem Leben zu erwachen. Eine Illusion zwar, aber immer noch besser als die Realität.

»Schneller, räudige Hunde, schneller!«

Schon marschierten wir nicht mehr, wir liefen wie Roboter – ein Fuß vor den anderen, Schritt um Schritt. Die Gedanken schalteten sich aus, ich sah nur noch das Weiß des Schnees unter meinen Füßen, den auf und ab wippenden Rücken meines Vordermannes; der Wind pfiff um die Ohren, alles schien so unwirklich. Ich wusste nicht so recht, ob ich schon tot war oder nicht.

Selbst die SS-Männer liefen, die gegen ihre Gurte klackenden Waffen in der Hand, neben uns her – wie Todesengel, die uns begleiteten.

Die Nacht war pechschwarz, fahl das schimmernde Weiß unter unseren Füßen. Von Zeit zu Zeit knallte ein Schuss.

Die SS-Männer hatten offensichtlich klare Befehle erhalten: »Knallt jeden ab, der schlappmacht!«

Den Finger am Abzug, die Waffen entsichert. Kein Erbarmen, kein Mitgefühl und kein Gewissen schien sie zu plagen. Sobald einer der Häftlinge auch nur eine Sekunde stillstand, streckte ein dumpfer Knall ihn wie einen räudigen Hund nieder.

Mechanisch setzte ich einen Schritt vor den anderen und schleppte mein Knochengerüst weiter, das trotzdem noch zu viel wog, wie mir in jenem Augenblick schien.

›Wäre ich doch statt meiner knapp dreißig Kilogramm bloß noch etwas leichter – so leicht wie eine Feder! Ja genau, lieber Gott, der du wegschaust heute Nacht, lass mich schwerelos werden wie eine Feder im Wind, sodass ich leichter gehen kann! Schweben will ich … wie eine Feder‹, geisterten mir die Gedanken durch den Kopf. Trotz meiner Müdigkeit lief ich weiter. Schritt für Schritt. ›Einfach weiter laufen‹, sagte eine Stimme in mir.

Ich versuchte dagegen anzukämpfen, dachte an meine Mutter, und dennoch konnte ich es in jenem Moment nicht verhindern: Hass bemächtigte sich meiner Seele. Oh ja, dieser Hass war fast grenzenlos in dieser finsteren und doch so fahlhellen Nacht. ›Wenn ich es könnte … ich würde allesamt töten. Diese Unmenschen, diese Peiniger … diese Schweine in ihren düsteren Uniformen und den Totenköpfen an ihren Helmen. Verrecken sollt ihr Schweine!‹, schrien meine Gedanken stumm. Mein Blick war so leer wie meine Zukunft. Ich wollte nur noch schlafen. Einfach bloß schlafen.

›Hass ist keine Antwort auf Hass‹, versuchte ich mir nach einer Weile einzureden.

›Liebe etwa?‹, fragte mein Selbst zurück.

Weiter kam ich nicht. Genau neben mir brach einer im schmutzigen Schnee zusammen. Schon krachte der Schuss.

›Schon wieder einer, der es überstanden hat‹, zuckte es mir durch den Kopf.

Mitleid konnte ich nicht mehr empfinden: zu erschöpft mein Kopf, zu abgemagert mein Körper, zu seelenlos mein Herz.

Ich war nur noch ein Traumwandler. Es kam vor, dass ich die Lider schloss, sodass ich wie im Schlaf dahinglitt. Von Zeit zu Zeit stieß mich einer heftig in den Rücken, dann wachte ich auf. Und einer schrie hinter mir: »Schneller, du Idiot! Wenn du nicht weiterwillst, dann lass mich vorbei!«

Dann schloss ich, während des Gehens, die Augen und träumte von einem Leben, das ich nie haben würde. Ich stellte mir vor, ein freier Mann zu sein. Eine Familie zu haben. Ich träumte davon, wie Mutter mein Haar streichelt. Ich träumte, an einem lauen Abend vor meinem eigenen Haus zu sitzen, meine Kinder sprechen zu hören, ich träumte vom Duft eines Kuchens, der mir in die Nase steigt, ich …

Peng!

Ein dumpfer Schlag.

Ich öffnete erschrocken meine Augen.

Sah den Rücken meines Vaters unter mir liegen.

Er war gestolpert und hingefallen. Und ich auf ihn.

Mit letzter Kraft rappelte ich mich auf, beugte mich über ihn, zerrte an seinen Kleidern und schrie: »Steh auf, Vater, steh auf!«

Er aber blieb liegen.

Ich hörte seine brüchige Stimme: »Lass mich liegen, mein Sohn.«

»Nein!«, meine Stimme klang unwirklich. »Steh auf ... steh auf, Vater!«

Die im Schnee knirschenden Schritte der SS-Männer kamen näher.

Sie würden uns beide töten.

Wir mussten aufstehen.

Und weiterlaufen.

»Steh auf!«, schrie ich und zerrte ihn mit aller Kraft auf die Beine. Als er endlich stand, wollte er auch schon wieder zu Boden gehen ... Da schlug ich ihm mit aller Kraft, die mir noch geblieben war, ins Gesicht. Er schien gar nicht begriffen zu haben, wie ihm geschah, und schaute mich mit glasigen Augen an. Erneut schlug ich zu – diesmal so hart, dass sein Kopf herumgerissen wurde. Wie ein Boxer, der sich gerade von einem schweren Schlag zu erholen versuchte – genauso starrte mich Vater in einer Mischung aus Unglauben und vielleicht auch Wut an. Mein Atem kondensierte zu weißen Wolken in der eisigen Luft, als ich ihn mit beiden Händen am Kragen packte und schrie: »Wir gehen zusammen weiter oder wir sterben ... gemeinsam!«

Er atmete tief aus, seine Augen waren immer noch so grau wie das Licht der Nacht, aber er ging nicht mehr zu Boden, sondern legte seine Hand auf meine eiskalte Wange und hauchte: »Du bist ein guter Mensch, mein Sohn.«

Ich legte meinen Arm um seine Taille, und uns gegenseitig abstützend torkelten wir weiter. Der SS-Mann, der mittlerweile schon neben uns stand, war scheinbar auch zu müde, um zu töten. Er winkte bloß mit seiner Waffe, ohne etwas zu sagen, und wir marschierten weiter.

*

Nach einem endlos scheinenden Marsch gelangten wir zu einem Bauernhof in Kunnerwitz.

Wir wurden in den Pferdeställen untergebracht. Auf dem Gelände fanden wir Zuckerrüben in der gefrorenen Erde. Wir fertigten provisorische Grabstöcke, mit deren Hilfe wir die Rüben ausgruben. Das war die einzige Nahrung, die uns nach zwei Tagen erreichte. Die Rüben verursachten Sodbrennen im Hals. Das aus dem Lager mitgebrachte Brot hatten sich die Blockältesten und die Kapos geschnappt.

Plötzlich fiel dem Lagerältesten Tschech ein, dass er rund 200 Kranke im Lager Görlitz zurückgelassen hatte. Er ging den ganzen Weg zurück, holte 100 von ihnen heraus, ließ sie unter großen Qualen marschieren und brachte sie zu uns. In Kunnerwitz ließen wir zahlreiche Tote zurück. Einen Teil von ihnen hatte man umgebracht, andere waren an Ruhr und Erschöpfung gestorben.

Wir marschierten weiter über die Ortschaft Friedensdorf nach Sohland. Auch in diesem Dorf wurden wir im Pferdestall eines Bauernhofs untergebracht. Der Ort bot ein wenig Schutz vor der schlimmen Kälte. Wir lagen auf dem Stroh, auf dem Heuboden über uns lagerten die Frauen. Auch hier ernährten wir uns von Zuckerrüben, die wir mit Glasscherben aus der Erde gruben, und von Suppe, die wir aus Wildkräutern kochten. In Sohland starben weitere Häftlinge.

Nach ein paar Tagen erklärte der Tschech, wir würden den Marsch fortsetzen und am Zielort bekämen wir etwas zu essen. Etwa 15 Häftlinge blieben zurück, um den Hof zu säubern. Sie stießen ein paar Stunden später wieder zu uns.

Wir mussten zum Appell antreten. Der Befehlshaber fragte: »Wer kann nicht mehr weitergehen?« Neun Häftlinge meldeten sich. Man ließ sie einen Karren besteigen, auf dem auch ein paar Leichen lagen. Dann warf man noch ein paar Hacken und Schaufeln mit darauf. Anfangs freuten sich die neun Häftlinge, dass sie fahren durften, aber die Freude währte kurz, denn schon nach etwa fünfzehn Metern, am Waldrand also, hielt man den Karren wieder an und die Neun mussten absteigen. Die Ukrainer gaben ihnen die Schaufeln in die Hand und befahlen ihnen, eine Grube auszuheben. Die Häftlinge begriffen, dass das ihr Ende war. Unter ihnen befand sich ein junger Jude von etwa sechzehn oder siebzehn Jahren aus Ungarn. Er rannte von einem Ukrainer zum andern, fiel einem zu Füßen, umschlang seine Knöchel, flehte weinend um sein Leben und rief: »Ich kann gehen, ich mach' alles, was ihr sagt, lasst mich bitte am Leben …« Aber ehe er noch sein Flehen beendet hatte, streckte ihn eine Kugel nieder.

Wir hatten alles mitbekommen, aber keiner sagte auch bloß ein Wort. Unsere Blicke waren apathisch, unsere Köpfe viel zu leer, um noch etwas zu empfinden.

Beim Weitermarsch waren die Häftlinge so geschwächt, dass einer nach dem anderen unterwegs tot umkippte. Es marschierten auch ein, zwei oder drei Schwestern mit uns. Alle mussten in etwa in meinem Alter gewesen sein – so zwischen fünfzehn und siebzehn Jahre alt. Eine brach zusammen und wurde erschossen. Die anderen sanken eine nach der andern auf ihren Leichnam und wurden ebenfalls umgebracht. Ich weiß nicht mehr, wie viele Schwestern es waren, aber diese Metzelei hat sich meinem Gedächtnis tief eingeprägt. Ich erinnere mich noch, dass der ältliche Scharführer an die sterbenden Mädchen herantrat und ihnen den Gnadenschuss gab. An jenem Tag blieben etwa 170 Opfer am Wegrand liegen, wenn ich mich recht erinnere.

Ganz besonders sind mir Gottlieb und seine Söhne in Erinnerung geblieben.

Gottlieb stammte aus Mukatschewe in der Karpaten-Ukraine und war mit seinen Söhnen ins Konzentrationslager Görlitz gekommen. Er war ein gelehrter, gesetzestreuer Jude mit großem Talmudwissen und wusste als Einziger im Lager immer, an welchen Tagen und Daten jüdische Feiertage waren. Wie er dies jeweils bewerkstelligte, wir besaßen weder Uhren noch Kalender, weiß ich bis heute nicht so recht. Jedenfalls saß er mit seinen Söhnen an den Abenden fast immer vor dem Block und hatte ihnen mündlich Talmudunterricht erteilt. Ich erinnere mich an Gottlieb als einen Mann, der stets seine Würde bewahrte und selbst unter den widrigsten Umständen im Konzentrationslager versuchte, seine Menschlichkeit und ethischen Grundsätze zu bewahren und zu leben. Doch auch Gottlieb und seine Söhne kamen bei diesem berüchtigten Todesmarsch ums Leben.

Als wir die Ortschaft Rennersdorf erreichten, wurden wir erneut in den Pferdeställen eines Bauernhofs untergebracht. Der Ort wirkte wie eine Geisterstadt, die ganze Gegend war menschenleer. Alle waren aus Angst vor den Russen geflohen, die bereits sehr nahe waren. Hier mussten wir länger als geplant bleiben, weil die deutsche Wehrmacht vor der vorstoßenden Roten Armee um ihr Leben rannte und die Straßen daher verstopft waren. Die Eigentümer des Bauernhofs, die bereits vorher geflohen waren, hatten die Pferde mitgenommen, die Schafe aber zurückgelassen. Die Deutschen schlachteten Schafe, warnten uns jedoch, wer sich an den Schafen vergreife, sei des Todes. Man teilte uns bloß je eine Scheibe Brot zu, die jeder wie einen Schatz in seinem Brotbeutel hütete, um sie krümelweise zu essen. Als ich eines Morgens aufwachte – ich lag zwischen Vater und einem anderen Juden –, spürte ich, dass Letzterer sich nicht mehr regte und suchte als Erstes sein Brot. Als ich es gefunden hatte, frohlockte ich – ganz so, als hätte ich einen Schatz von unschätzbarem Wert entdeckt. Dann steckte ich das Brot des Toten hastig ein.

*

An einem Morgen erschien ein älterer Soldat, der die Küche der Deutschen unter sich hatte, und rief mich: »Hey du da! Komm schnell!« Er forderte mich auf, den geschlachteten Schafen das Fell abzuziehen. Von ihm erfuhr ich, dass kranke Schafe für die Häftlinge gekocht werden sollten.

Dies brachte mich auf eine Idee: Ich »erfand« eine Methode, die Schafe »krank« zu machen. Ich schlich in den Pferch, trat einem Schaf in den Bauch, dass es umkippte, und erklärte den Deutschen: »Dies hier ist krank.« Auf diese Weise bekamen wir nach langem Hungern etwas in den Magen. Wenn man Hunger leidet, tut man einfach alles, um diesen zu stillen.

Nach drei Wochen Aufenthalt in Rennersdorf erging am 23. März 1945 der Rückmarschbefehl nach Görlitz. Die Deutschen gaben zu, dass keinerlei Möglichkeit bestand, nach Tirol durchzukommen. Später erfuhr ich, dass Malitz, der Kreisleiter von Görlitz, uns sofort nach Görlitz zurückbeordert hatte, damit wir Schützengräben für die deutsche Wehrmacht ausheben sollten, um die Stadt gegen die Rote Armee zu verteidigen.

Vor dem Abmarsch gab es einen Appell. Solche Appelle waren etwas Alltägliches. Die Deutschen wollten wissen, wie viele Häftlinge noch übrig waren. Wir standen rund 30 Kilometer von Görlitz entfernt. Sie fragten, wer marschunfähig sei. Es meldeten sich rund 100 Leute, die per Laster ins Lager Görlitz gefahren wurden. Als wir dort eintrafen, fanden wir sie lebend vor. Auch die Kranken, die im Lager verblieben waren, lebten noch.

Wir waren einen ganzen Tag bis zum Lager marschiert. Das gute Wetter hatte uns das Gehen erleichtert.

Bei diesem Marsch starben etwa 1000 der ursprünglich 1500 Häftlinge.

Freiheit

Am 28. April 1945 gegen 23.30 Uhr diktierte Hitler seiner Sekretärin Traudl Junge seinen Letzten Willen – neben einem »privaten« auch ein »politisches Testament«. Er sterbe für eine ehrenvolle Sache, ein Mann des Friedens sei er gewesen und habe sein Volk in dessen Selbstverteidigung angeführt. Nicht er, sondern das »internationale Judentum« sei für den Großbrand in Europa verantwortlich gewesen. Dann, in den Morgenstunden des 29. April, heirateten Hitler und seine Lebensgefährtin Eva Braun. Nachdem er sich von seinem Gefolge das Versprechen hatte geben lassen, seine Leiche zu verbrennen, bereitete er seinen Selbstmord vor. Als man Minuten später in sein Zimmer schaute, waren er und seine Frau tot. Eva Braun, die jetzt auch »Hitler« hieß, hatte Gift genommen und Hitler hatte sich erschossen.

Es ging ja in dieser Zeit schon gegen das Ende des Krieges. Aber als Gefangene waren wir natürlich komplett isoliert und hatten keine Ahnung vom Weltgeschehen. Trotzdem gab es gewisse Zeichen, die wir aber nicht richtig deuten konnten. Beispielsweise wurden wir bei unserer Arbeit, dem Ausheben von Gefechtsgräben, von gealterten Veteranen des Ersten Weltkrieges bewacht anstatt von jüngeren Aufsehern, wie ich sie in Auschwitz gesehen hatte.

Ich hantierte gerade mit meiner Schaufel in einem Graben, als ich einen Unteroffizier sagen hörte: »Ich denke, langsam, langsam kommt der Iwan.«

Ich fragte meinen Vater, der neben mir arbeitete: »Was meint der damit, ich verstehe den Sinn der Worte nicht.«

Vater antwortete: »Iwan? Ich glaube, das ist ein russischer Name. Vielleicht meint er damit die Rote Armee.«

Ein Hoffnungsfunke keimte auf, aber mehr nicht, denn wir hatten ja keinerlei Gewissheit.

Ein weiteres Indiz war, dass wir von den Deutschen zunehmend besser behandelt wurden. Ich denke, sie wussten, dass das Ende naht, und verrichteten ihre Arbeit nur noch wie eine Alibiübung.

Dann gab es noch ein anderes gutes Vorzeichen: Plötzlich war der Lagerälteste, der Verbrecher Tschech, der uns immer so übel mitgespielt und sogar womöglich seine eigene Familie umgebracht hatte, verschwunden. Das war für uns natürlich eine große Freude und Genugtuung. Wir erfuhren, dass er gestohlen hatte und mit dem Diebesgut abhauen wollte, um seiner gerechten Strafe zu entgehen. Aber die Aufseher erwischten und verhafteten ihn. Drei Jahre später wurde Tschech zum Tod durch den Strang verurteilt – die Hinrichtung fand unmittelbar nach dem Prozess statt.

Die Hoffnung auf Freiheit stieg bei uns von Tag zu Tag. Aber auch die Angst. Denn wir befürchteten, dass die Deutschen uns alle umbringen und das Lager zerstören würden, um sämtliche Beweise zu vernichten, bevor die Rote Armee vor den Toren stand. Ich erinnere mich, dass am 1. Mai eine Motorradpatrouille in Kampfmontur und Helmen ins Lager einfuhr. Sie sahen aus wie Feuerwehrleute. Würden sie das KZ in Brand stecken, fliehen und uns, eingepfercht in unseren Baracken, der Feuersbrunst überlassen? Sollten wir jetzt, nach all dem, was wir überstanden hatten, noch bei lebendigem Leib eingeäschert werden? Doch nichts dergleichen geschah. Als sie wieder wegfuhren, atmeten wir erleichtert auf.

Am 7. Mai 1945 unterzeichnete Generaloberst Alfred Jodl die bedingungslose Kapitulation der Wehrmacht im französischen Reims. Diese trat am Folgetag in Kraft.

Am folgenden Tag geschah dann das Wunder. Als erster Jude im Lager von Görlitz sollte ich von unserer Freilassung erfahren. Ich erinnere mich noch, als sei es gestern gewesen. Es war ein milder, etwas windiger Tag. Wie jeden Morgen brachte ich dem SS-Obersturmbannführer das Frühstück. Noch bevor ich das Tablett auf seinem Tisch abstellen konnte, trat ein Soldat durch die Tür. Noch außer Atem legte er dem Obersturmbannführer eine Zeitung hin. Auf dem Titelblatt war groß das Bild Hitlers zu sehen, mit einem dicken schwarzen Balken umrahmt und der Unterschrift: »Der Führer ist tot!« Ich glaubte, meinen Augen nicht zu trauen. Als der Soldat aber sagte: »Ich überbringe die Weisung, dass alle Häftlinge freigelassen werden müssen«, fuhren die Worte wie ein

Blitz in meinen Kopf. Frei! Wir waren frei! Das Frühstückstablett fiel klirrend zu Boden und ich rannte wie von Sinnen nach draußen.

»Wir sind frei, wir sind frei!«, rief ich immer und immer wieder über den Hof.

Die Frauen, die als Erste meine Botschaft hörten, traten aus ihrer Baracke und zeigten mir den Vogel. Danach rannte ich zum Männerlager auf meinen Vater zu und wiederholte meine Worte. Alle Insassen schauten mich mit großen Augen an und wussten nicht, was sie von meinem irren Geschrei, den fuchtelnden Armen halten sollten. Sie waren voller Skepsis, denn wieso sollte ausgerechnet ein Häftling diese ungeheure Botschaft, an die wir alle schon nicht mehr geglaubt hatten, verkünden? Niemand wagte sich nach draußen, alle redeten wild durcheinander.

Als nach etwa einer Stunde der Obersturmbannführer erschien, wurde es plötzlich still. Alle standen stramm und harrten der Dinge, die jetzt kommen sollten.

»Meine Herren«, sagte er mit fester Stimme.

Meine Herren hatte er gesagt.

Noch nie zuvor wurden wir so angesprochen, denn diese Ehre wurde nur »Menschen« zuteil.

»Meine Herren, Sie sind frei, Sie dürfen Ihre Häftlingsnummer entfernen. Wir treffen uns in zehn Minuten auf dem Vorplatz, wo ich Ihre Entlassung offiziell verkünden werde.«

Ich weiß nicht, wie viele seine Worte überhaupt richtig fassen konnten; wir waren erst einmal sprachlos und überwältigt. Der Obersturmbannführer erklärte, dass die Lagerleitung auf die amerikanische Seite überlaufen werde, und bot uns an, dies auch zu tun. Doch außer den Kapos und den Stubenältesten gab es für niemanden einen Grund dafür.

Endlich hatte jeder begriffen, welch ein Wunder geschehen war, und das Tohuwabohu ging los. Männer und Frauen tanzten und schrien, rannten wild durcheinander und umarmten einander. Manch einer drang in die Unterkünfte der Wachmannschaften ein und stahl den Deutschen die Schuhe. Noch halb verschlafen und in Unterwäsche rannten diese den Befreiten nach und flehten sie an, ihnen das Schuhwerk zurückzugeben. Natürlich ohne Erfolg.

Der alte Oberfeldwebel der Küche, der mich nicht an die SS verraten hatte, bat mich, ihm zu helfen, die Fluchtwagen mit Proviant zu beladen. Ja, plötzlich wurden wir, bereits halbe Leichname, mit »Herr« angeredet, man flehte, man bat. Welch eine Genugtuung – fürs Erste wenigstens.

Ich rief Vater, der mit anderen eine Menschenkette bildete. Der Oberscharführer stand im Vorratsraum und übergab mir Kartons mit allen möglichen Konserven, Flaschen, Fleisch und anderem mehr, was uns das Wasser im Mund zusammenlaufen ließ. Müßig zu erwähnen, dass keine Brosame der Lebensmittel in die Wagen gelangte, sondern alles von uns abgezweigt wurde. Natürlich bekam der Küchenchef

Wind davon. Aber was blieb ihm anderes übrig, als gute Miene zum bösen Spiel zu machen? So flüchteten unsere ehemaligen Peiniger aus dem Lager mit leerem Magen in ihren Gelände- und Lastwagen.

Aus Angst vor den Kämpfen, die noch in der Stadt tobten, blieben wir allein im Lager zurück und feierten erst einmal hier unsere Befreiung. Bei mildem Wetter schleppten wir die Öfen aus den Baracken ins Freie und bereiteten Mahlzeiten aus den Vorräten, die deutsche Bäuche hätten füllen sollen.

Plötzlich erblickten wir den Verräter Tannenbaum, der uns so übel mitgespielt hatte. Er tanzte und hüpfte, tat so, als freue er sich wie alle, wollte sich bei uns einschmeicheln und erzählte von seiner früheren Zugehörigkeit zu einem zionistischen Jugendbund. Aber bald bemerkte er unsere feindseligen Blicke und floh aus dem Lager.

Mitten in unseren ausgelassenen Feierlichkeiten entdeckten wir einen sowjetischen Bomber. Plötzlich knallte ein Geschoss auf uns nieder. Eine ungeheure Stoßwelle erfasste mich und schleuderte mich und ein paar andere einige Meter über den staubigen Boden. Glücklicherweise wurden nur zwei Leute leicht verletzt. Aber der Schreck war groß. Wollten die Sowjets nun uns erledigen?

Wie sich später herausstellte, hatten scheinbar die gefangenen Deutschen den Sowjets die Falschmeldung zugespielt, dass es sich bei unserem Lager um einen wichtigen Militärstützpunkt handelte, um durch dessen Bombardierung Beweismittel zu vernichten.

Auch außerhalb des Lagers war die Lage noch sehr unsicher, wie Vater und ich bemerkten, als wir anderntags das Lager verließen, um auf Erkundungstour zu gehen. Wehrmachtssoldaten feuerten noch immer – wohl in letzter verzweifelter Hoffnung – in der Gegend herum.

Wir versteckten uns hinter Schutzwällen und zogen uns dann schnellstmöglich ins Lager zurück. Aber auch dieses wurde weiterhin bombardiert. Vielleicht nahmen die Russen an, dass sich immer noch Deutsche im Lager verschanzt hielten.

In der Ziegelfabrik fanden wir Schutz. Wir waren nun zwar frei, hatten genug zu essen, mussten uns aber in Acht nehmen, nicht zwischen die Scharmützel der Deutschen und Sowjets zu gelangen – welch Ironie des Schicksals! Wie lange sollte unsere ungemütliche, lebensbedrohende Situation denn noch anhalten?

Zum Glück nur noch sehr kurz. Just an jenem 8. Mai 1945 kletterte einer von uns in dem rußigen Schornstein hoch, um die Lage zu beurteilen. Plötzlich hallte sein Schrei durch das Rohr: »Die Russen sind vor den Toren!«

Wir rannten ins Freie und sahen, wie die sowjetischen Soldaten die Stacheldrahtzäune durchtrennten. Dies war nun die endgültige Befreiung. Wir umarmten unsere Retter, küssten sie, und endlich, seit langer Zeit, brach bei mir der Damm und ich konnte weinen. Tränen der Freude kullerten über meine Wangen.

Uns flogen keine Kugeln mehr um die Ohren, keine Schockwellen von Kanonengeschützen fegten durch die Luft. Wir atmeten Freiheit und konnten gehen, wohin wir wollten.

Aber wohin?

Natürlich war eines jeden Ziel sein Heimatort – sofern er denn noch existierte. Die Russen rieten uns, vorerst in die Stadt zu gehen und die von flüchtigen oder gefangenen Deutschen verlassenen Häuser zu beziehen.

»Erst einmal müsst ihr raus aus diesen Häftlingskleidern«, riet uns ein Soldat.

Wir zogen uns aus, warfen die Klamotten auf einen Haufen, entfachten damit ein Freudenfeuer und tanzten splitternackt darum herum. Danach machten wir uns – so wie Gott uns geschaffen hat – nach Görlitz auf. Was für ein Bild! Ein Zug von hunderten ausgemergelten, nackten Menschen zog durch die Straßen der Stadt. Eine Prozession, eine Demonstration ehemals verdammter, verfemter und geschundener Menschen. Und gleichzeitig ein Freudenmarsch in ein neues, »geschenktes« Leben. Niemand dachte in diesem Moment daran, Gott dafür zu danken. Einzig der Wettergott hatte uns gnädig einen sonnigen Maitag beschert, der unserem Umzug noch mehr Wonne verlieh.

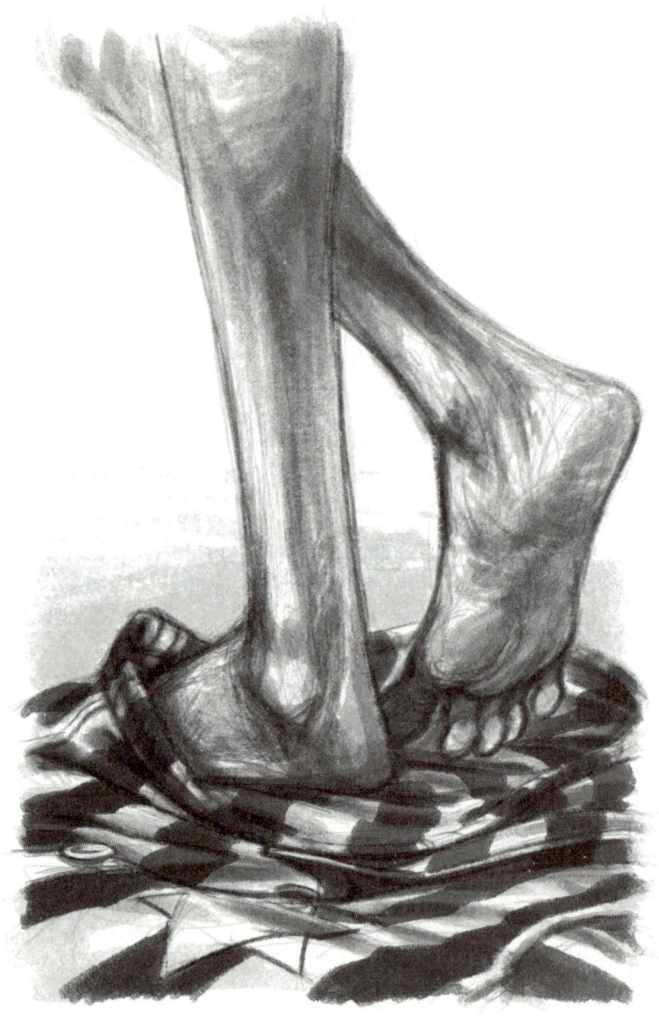

Die Stadt war vollkommen verlassen, die Brücken über der Neiße kurz zuvor von den Deutschen noch gesprengt worden. Zu mehr hatte aber die Zeit nicht gereicht, die meisten Häuser waren unversehrt und standen leer. Görlitz, das einst etwa Hunderttausend Einwohner hatte, war eine Geisterstadt – und wir die Geister, die sie wieder belebten.

*

Ein paar Tage später streifte ich mit einigen Kameraden durch die Stadt. Plötzlich sahen wir auf der Straße eine zerlumpte, etwa dreißigjährige Deutsche mit einem Kind auf dem Arm. Sie sah erbarmungswürdig aus. Gezeichnet von Hunger, mit dunklen Ringen unter den traurigen und angstvollen Augen, hatte sie sich in die Stadt gewagt, wahrscheinlich auf der Suche nach Nahrung und einem Plätzchen für sich und ihr Kind. Das Kind, es war ein Mädchen und etwa zwei oder drei Jahre alt, schaute mich mit seinen großen blauen Augen an. Ich schaute mit wohl genauso großen Augen zurück und wusste im ersten Moment nicht so genau, wie ich reagieren sollte. Plötzlich lächelte mich das kleine Mädchen an – genau so, wie meine kleine Schwester Lili mich immer angelächelt hatte. Ich ging auf sie zu, klaubte ein Stück Brot aus der Tasche und gab es dem Kind.

Einige meiner Kollegen aus dem KZ sahen dies und sagten: »Siehst du denn nicht, dass dies eine Deutsche ist, wie kannst du der Essen geben?«

Darauf erwiderte ich: »Wisst ihr was? Wenn ich diesem Kind kein Brot gebe, bin ich nicht besser als Hitler, der alle, auch die Kinder, vernichten wollte. Diese Frau, das Baby, sie sind Menschen wie wir und haben uns nichts zuleide getan. Ich fühle mich verpflichtet, das zu tun. Auch ihr wisst doch alle, was Hunger ist. Wollt ihr denn Rache nehmen an dieser unschuldigen Frau und dem armen Kind? Wollt ihr diese Frau und ihr Kind hassen, nur weil sie Deutsche sind? Wollt ihr sein wie *er*?«

Meine Kollegen schauten beschämt zu Boden und schwiegen. Mein Blick glitt über die Gebäude und Straßen der menschenleeren Stadt. Ich spürte die wärmenden Strahlen der Sonne auf meinem Gesicht, die Luft roch so frisch und unverbraucht wie das Leben dieses kleinen Kindes auf dem Arm seiner Mutter.

Ich bereue es nicht, diesem deutschen Mädchen, das mich an meine Schwester Lili erinnert hatte, ein Stück Brot gegeben zu haben, denn als ich das Ausmaß der Katastrophe begriff, ich zu verstehen begann, was das Erlebte in mir anrichten würde, beschloss ich, ob dem, was uns geschehen war, weder zu weinen noch zu hassen – sondern zu vergeben.

Ich war achtzehn Jahre alt, und die Zukunft lag noch vor mir.